Norbert Mappes-Niediek

Kroatien

Ein Länderporträt

Norbert Mappes-Niediek

Kroatien

Ein Länderporträt

Ch. Links

Ch. Links Verlag, Berlin

Die Deutsche Nationalbibliothek verzeichnet diese
Publikation in der Deutschen Nationalbibliografie;
detaillierte bibliografische Daten sind im Internet
über www.dnb.de abrufbar.

2., aktualisierte und erweiterte Auflage, Juni 2011

Schönhauser Allee 36, 10435 Berlin, Tel.: (030) 44 02 32-0
www.christoph-links-verlag.de; mail@christoph-links-verlag.de
Umschlaggestaltung: KahaneDesign, Berlin,
unter Verwendung eines Fotos des Autors
Satz: Agentur Siegemund, Berlin
Druck und Bindung: Druckerei F. Pustet, Regensburg

ISBN 978-3-86153-659-8

Inhalt

Willst du deinen Traum verwirklichen,
dann erwache!

RUDYARD KIPLING

Maribor
Čakovec
Nagykanizsa
Kaposvár
Kranj
Celje
Varaždin
Komló
Baja
UNGARN
Ljubljana
Z a g o r j e
Koprivnica
Pécs
Gorizia
SLOWENIEN
Bjelovar
Virovitica
Sombor
Trieste
Zagreb
S l a w o n i e n
Osijek
Sisak
Vukovar
Istrien
Rijeka
Požega
Vinkovci
Krk
Prijedor
Pula
Cres
Bihać
Banja Luka
D a l m a t i e n
Pag
Tuzla
BOSNIEN
UND
HERZEGOWINA
Zenica
Zadar
Dugi Otok
Knin
Sarajevo
Adriatisches Meer
Šibenik
Ancona
Split
Brač
Mostar
Hvar
San Benedetto del Tronto
Korčula
MONTE-NEGRO
ITALIEN
Dubrovnik
Pesara
0
50 km
Soča
Sava
Drau
Donau
Kupa
Una
Sana
Unac
Zrmanja
Vrbas
Bosna
Drina
Cetina
Neretva

Was sind die Kroaten für welche?

Niederländer neigen zum Camping, Briten pflegen den schwarzen Humor und Italiener die große Show. Aber wie sind die Kroaten? Eine Umfrage in meinem Freundes- und Bekanntenkreis hat erst einmal allgemeine Verlegenheit zutage gefördert. Kroaten? Das könne man schlecht sagen, meinte eine gute Freundin aus Bonn, da es die Kroaten ja so lange noch gar nicht gebe. Eine Amsterdamer Kollegin dachte, im Falle Kroatien könne und solle man das lustige Spiel mit den Klischees besser bleiben lassen: »Schließlich haben die darüber gerade erst Krieg geführt.« Serbische Freunde habe ich vorsichtshalber gar nicht erst gefragt. Ausgerechnet im freundlichen Wien hat mir dann jemand unter Zusicherung strenger Anonymität verraten, dass er schon eine Vorstellung von den Kroaten habe: Sie seien ziemlich balkanisch und total nationalistisch, obwohl sie doch immer so westlich täten. Das klang nun gar nicht mehr harmlos, fand ich, und ich habe meine kleine Umfrage danach sehr rasch eingestellt.

Besser, dachte ich, ist wohl, man fragt die Kroaten selbst. Um es vorwegzunehmen: Auch das hat mich nicht wirklich weitergebracht. Meine Freunde in Kroatien reagierten zunächst ärgerlich oder etwas spöttisch – wahrscheinlich wohl, weil sie von nationaler Typenlehre aus guten Gründen die Nase voll haben. Dabei wollte ich ja gar nicht herausfinden, ob die Kroaten gut oder böse sind, »westlich« oder »balkanisch«, friedliebend oder kriegslüstern. Mir ging es bloß um ein paar nationale Marotten, wie wir sie unseren Nachbarn ganz arglos und mit einem Augenzwinkern nachzusagen pflegen: so wie die holländische Familie im Wohnwagen mit Pils-Fässchen und aufklappbarem Plastik-Jägerzaun. Oder die Engländerinnen in Minirock und Sandalen bei fünf Grad im Nieselregen. Es kam nicht viel heraus – außer dass die Kroaten bekannt dafür sind, beim Kochen pfundweise *Vegeta* in ihre Mahlzeiten zu kippen, einen Geschmacksverstärker aus Koprivnica.

Eine Lehrerin aus Slawonien hielt mir einen halbstündigen Vortrag darüber, wie kultiviert, musikliebend, sanftmütig, leider aber politisch ungeschickt ihre Landsleute immer schon gewesen seien – ganz im Unterschied natürlich zu den trunksüchtigen, primitiven, aber schlauen Serben. Ich dankte so höflich wie möglich; auch auf so etwas war ich nicht aus. Mein Freund Nenad, ein Intellektueller, mit dem man auch sehr gut Wein trinken kann, entfloh mir gleich in die Geschichte und erzählte vom unglücklichen Ban Josip Jelačić, vom ungestümen Stjepan Radić und vom unentschlossenen Vladko Maček. »Ach, ihr Jugos immer mit euren schnurrbärtigen Nationalhelden!« unterbrach ich ihn nach dem fünften Glas. »Das interessiert bei uns doch keinen! Wir wollen wissen, wie es bei euch im Alltag zugeht – wie ihr tickt. Ganz normal eben.« Da wurde er erst einmal still und konterte dann überraschend nüchtern: »Ganz normal? Ganz normal gibt es bei uns nicht. Damit eine Nation prägnante Eigenschaften und so etwas wie liebenswerte Marotten entwickelt, braucht es wahrscheinlich eine lange Zeit der Stabilität. Und die hat es bei uns eben nie gegeben.«

Da waren sie also wieder, die Melancholie, der Ernst und die historische Tiefe, die man einfach nicht wegkriegt, wenn man über ost- und mitteleuropäische Nationen spricht. Das vorliegende Buch erscheint in einer Reihe von Länderprofilen, in der es zum Beispiel um die Niederlande, Belgien, Frankreich, die Schweiz, Österreich, Polen und Tschechien geht. Wer einige Bücher dieser Reihe gelesen hat, wird feststellen: Über die Schweiz oder Belgien kann man munter plaudern. Im Falle Polens oder Tschechiens ist das erheblich schwieriger. Zum Teil schuld daran ist die Empfindlichkeit von Deutschlands östlichen Nachbarn, die zum Beispiel über Autoklau-Witze nicht so richtig lachen können, weil sie die dahinter verborgene Arroganz vor nicht allzu langer Zeit auf weniger lustige Art zu spüren bekommen haben. Mit Schuld ist aber auch, dass ost- und mitteleuropäische Nationen ein anderes Verhältnis zur Geschichte haben und für den westlichen Geschmack zuviel davon reden. Die Westeuropäer sind seit dem Zweiten Weltkrieg amerikanischer geworden. Wenn die Amerikaner sagen: »It's history«, dann meinen sie: Es ist vorbei. Wenn die alten Europäer das sagten, meinten sie: Es sitzt ganz tief und ist nicht zu ändern. Ost- und Mitteleuropa, auch Kroatien, sind in ihrem Verhältnis zur Geschichte viel europäischer als der Westen des Kontinents.

Ein Volk ohne Eigenschaften

Was macht eine Nation in den Augen der anderen aus, wenn nicht bloß Geschichte und Politik? Im Westen ist das klar: ihre Sitten und Gewohnheiten, ihre Umgangsformen und ihr Fahrverhalten, Vorlieben, ihre Stereotype, ihre gemeinsamen Irrtümer und Spleens, ihre Küche, ihr besonderes Verhältnis zwischen Mann und Frau. Kurz: das, was man gern ihre »Mentalität« nennt. In Italien kocht und isst man gut, pfeift schönen Frauen nach und fährt schnell, aber aufmerksam Auto. In Deutschland kommt man immer pünktlich, trinkt zuviel Bier und gibt sich offen und ehrlich. Und so weiter. Klischees, gewiss – aber welche, die man hier und da brauchen kann und die sich bei Bedarf mit Erfahrungen reich unterfüttern lassen.

Die kroatische Mentalität passt, wenn es sie überhaupt gibt, in solche Klischees kaum hinein. In Osijek, nahe der ungarischen Grenze, bleiben alle Fußgänger ganz brav vor der roten Ampel stehen, und in Split fahren die Autos bei rot über die Haltelinie hinaus, stoppen erst dann und lassen sich von hinten anhupen, wenn es grün wird. Was davon ist typisch kroatisch? Gäbe es brauchbare Klischees, wären sie mir gewiss irgendwo begegnet – und ich hätte mir die Abfrage des persönlichen Mikrozensus sparen können. Einerseits hatten die Kroaten, wie mein Freund Nenad schon bemerkte, keine Zeit, nationale Marotten zu entwickeln. Andererseits haben sie immer mit Nachbarvölkern zusammen in einem Staat gelebt. Und Mentalitäten vererben sich ja nicht über Abstammung, sondern über Umgang und Tradition. Eine Brutstätte für nationale Eigenheiten in diesem Sinne war, wenn auch nur für kurze Zeit, das untergegangene Jugoslawien. Immerhin hat Jugoslawien einen Jugo-Rock und Jugo-Pop zustande gebracht und eine politische Kultur, die sich nach seinem Untergang als recht zäh erweist. Mit der Zeit wird vielleicht auch Kroatien ein paar nationale Besonderheiten entwickeln, die anderen auffallen – wenn auch vielleicht nicht mehr so viele und so ausgeprägte, denn im Zeitalter des Internet sind Nationalstaaten schließlich keine geschlossenen Systeme mehr.

An dieser Stelle wird es Zeit für eine Differenzierung: Eigentlich sollte hier nicht von »Kroaten« die Rede sein, sondern von »Kroatiern« – ein Wort, das es leider nicht gibt. Im früheren Jugoslawien und in ganz Mittel- und Osteuropa sind nämlich Volk und

Staatsvolk zweierlei, was im Westen des Kontinents eine unheilbare Verwirrung stiftet. Ein kroatischer Staatsbürger serbischer Nationalität nennt sich Serbe, nicht Kroate, während sich (fast) jeder Bretone oder Elsässer ganz selbstverständlich als Franzosen bezeichnet. Schließlich ist er ja einer: Zeig mir deinen Pass, und ich sage dir, was du bist. In Deutschland mit seinen vielen Spätaussiedlern und vor allem im einst multinationalen Österreich versteht man die osteuropäische Differenzierung zwischen Staatsangehörigkeit und Nationalität noch so einigermaßen. Weiter westlich nicht mehr: In französischen Ohren klingt es wie Hochverrat und Separatismus, wenn sich Serben in Kroatien als Serben und nicht als Kroaten bezeichnen – und umgekehrt wie Ausgrenzung, wenn die »richtigen« Kroaten den Staatsnamen für sich monopolisieren. Die Unterscheidung zwischen Volk und Staatsvolk war in den neunziger Jahren Quelle vieler Missverständnisse. Schon dass Serben und Kroaten in Bosnien sich eben als Serben und Kroaten bezeichneten, galt manchen französischen Beobachtern als unerhört. Dabei war das in Bosnien allen, auch den Muslimen, ganz und gar selbstverständlich und für niemanden Grund, Anstoß zu nehmen.

Je nach dem, ob man von »Kroatien« oder von »den Kroaten« spricht, ob man die Gesellschaft meint oder die kroatische Nation, kann man eine ganz andere Vorstellung heraufbeschwören. Ein Sommergast denkt an ein gastfreundliches Land mit offenen, unkomplizierten Bewohnern und hat vielleicht gleichzeitig ein verblassendes Bild von Krieg, Vertreibung und nationalistischem Pomp im Kopf. Den Kroaten selbst geht es nicht anders, auch wenn die Bilder, die Kroaten von ihrem Lande im Kopf haben, sich von denen der Touristen natürlich unterscheiden. Wie es in Kroatien zugeht und wie »die Kroaten« ticken, hat offenbar nichts miteinander zu tun. Eben noch hat man sich ihren Verdruss über die merkwürdigen Schießereien in Zagreb anhören müssen, die Schmiergelder, die man an der Uni zahlen muss, die undurchsichtigen Machenschaften der Politiker, den ewigen »Balkan«, und im nächsten Atemzug schon kriegt man erklärt, die Kroaten seien schon immer ein ganz und gar westliches Volk gewesen, zufällig auf der falschen Seite der Adria gelandet, stolz, friedliebend, aber immer wieder verkannt. Jemand preist den großen Staatsgründer Franjo Tudjman und sein Lebenswerk, den Auszug Kroatiens aus dem Völkerkerker Jugoslawien, und erklärt einem schon nach dem dritten Bier, der größte Kroate aller Zeiten sei ja eigentlich doch Tito gewesen, der Gründer des sozialistischen Jugoslawien, unter dem jeder sein Auskommen gehabt habe und alle friedlich zusammengelebt hätten. Im einen Fall ist Kroatien ein ganz normales Übergangsland, mit allen seinen Problemen, mit einem Schuss Nostalgie, aber auch mit einem klaren Ziel. Im anderen Bild ist Kroatien ein »tausendjähriger Traum«, der mit der Unabhängigkeit über Nacht Wirklichkeit wurde.

Weg mit der Realität – ein Traum wird wahr!

Die beiden Bilder widersprechen sich, aber gestritten wird nicht über sie. »In Polen hat ein polnischer Sozialismus geherrscht, in Ungarn ein ungarischer, in Tschechien ein tschechischer«, hat der Filmregisseur und frühere Intendant des kroatischen Fernsehens, Antun Vrdoljak, einmal gesagt, »nur in Kroatien herrschte ein serbischer Sozialismus«. Vrdoljaks Formel sollte es den Kroaten leichter machen, die Vergangenheit hinter sich zu lassen. In Wirklichkeit machte sie sie ihnen schwerer, denn sie erlaubte eine verhängnisvolle Illusion: In Kroatien, konnte man aus dem Spruch schließen, ist alles in Ordnung, wenn bloß erst die Serben weg sind. Tatsächlich hat sich Kroatien, anders als Polen, Ungarn und Tschechien, nach dem Fall des Kommunismus keiner gesellschaftlichen Rosskur unterzogen. Es setzte vielmehr auf Teufelsaustreibung.

Die Formel vom »serbischen Sozialismus« erklärt immerhin, warum das Traumbild und das detailgetreue Foto der kroatischen Gesellschaft in den Köpfen gar nicht konkurrieren. Insofern man Kroate war, hatte man mit dem realen Jugoslawien vor der Unabhängigkeit eigentlich nichts zu tun. Beide Bilder unterscheiden sich wie der Schlaf- und der Wachmodus; beim Einschlafen und beim Aufwachen schaltet man einfach zwischen beiden um. Nicht wenige Politiker, selbst in höchsten Funktionen, mussten nicht einmal umschalten. Sie kamen aus der Emigration; für sie war Kroatien das Traumland ferner Kindheitserinnerungen, das sie ein halbes Leben lang verklärt im Herzen getragen hatten. Manche Dissidenten, wie Franjo Tudjman, hatten sich im Lande selbst aus der Wirklichkeit davon geträumt – was es umso leichter machte, da Tudjman die meiste Zeit seines erwachsenen Lebens in Belgrad verbracht hat.

Nun war der Traum Wirklichkeit geworden, und plötzlich lebte man in einem anderen Land, über das manche allerlei Gescheites erzählen konnten – einem Land mit einer weithin unbekannten Geschichte, mit Eigenschaften, die man bisher eigentlich nicht beobachtet hatte. Dabei hatte es ja die ganze Zeit über auch ein reales Kroatien gegeben: die »sozialistische Republik« innerhalb Jugoslawiens, ein Land mit eigenen geistigen Strömungen, einer eigenen Elite, angesehenen Hochschulen. Aber alles das zählte nicht mehr. Der Brüsseler Psychoanalytiker – und kroatische Emigrant – Antun Pinterović hat für diese merkwürdige Haltung sogar eine offensive Rechtfertigung parat. Die »kroatische Seele«, meint er, »ist die einzige Wirklichkeit.« Was man dagegen »wissenschaftliche Wahrheit« nenne, ändere sich alle zehn Jahre. Nur wer träumt, ist wach, lässt sich daraus schließen, und wer sich für wach hält, der träumt. Innere Wirklichkeiten und Erkenntnisse über die »kroatische Seele« lassen sich in der Emigration wahrscheinlich noch viel besser herausfinden als im realen Lande selbst, das einen immer wieder mit Überraschungen verstört.

Nicht nur der Krieg, auch die Träumerei hat Kroatien lange blockiert. Mit zehnjähriger Verspätung hat dann aber doch eine rasante Entwicklung eingesetzt, die noch in vollem Gange ist. Ein ganzes Land – oben und unten, rechts und links – nimmt am großen Orientierungslauf nach Europa teil und erfüllt bereitwillig die Aufgaben, die ihm gestellt werden. Es rennt nach Europa. Reißt der Bürgermeister von Zagreb seine altbalkanischen Witze über Frauen, erntet er von der konservativen Vize-Regierungschefin einen scharfen Tadel: So wollten wir doch nicht mehr reden! Alle stimmen ihr zu: Das wollten wir doch nicht mehr! Dabei geht es ernst, aber nicht verkniffen zu. Dass man in einem modernen europäischen Land keine Behindertenparkplätze mehr zuparken soll, macht den Kroaten zum Beispiel ein Schild mit der hübschen Aufschrift klar: »Ich sehe, dass Sie sich meinen Parkplatz genommen haben. Nehmen Sie auch meine Behinderung?« Es wirkt. Zwar kann man versuchen, den Moment festzuhalten, kann die rasche Entwicklung ausblenden und »die Kroaten« einfach so beschreiben, wie sie sich in einem gegebenen Augenblick dem Besucher gerade darstellen. Aber das Bild, das auf diese Weise entstehen würde, sagt über die Nation etwa so viel aus wie ein Standfoto von einem Formel-1-Rennen über dessen Ausgang. Vor zwei Jahren noch hätte man in einem solchen Buch zum Beispiel gelesen, dass in Kroatien kein Auto vor einem Zebrastreifen hält, dass man nie Behinderte auf der Straße sieht, dass in Zagreb niemand Fahrrad fährt und dass überall rücksichtslos geraucht wird. Alles das stimmt so schon nicht mehr. Das Rennen ist weitergegangen.

Nenad hatte also ganz recht, wie ich heute finde: Ohne Geschichte geht es nicht; dafür ist Kroatiens Gegenwart einfach zu flüchtig. Aber jetzt, da das Land sich so rasant verändert, kommt Kroatien das alte Traumbild immer wieder in die Quere. Gerade weil alles so schnell geht, sind die Teilnehmer am großen Rennen verführt, irgendwo fest anzudocken, tief in der Vergangenheit nach dem »Eigentlichen«, »Unwandelbaren« zu suchen, sich in die Geborgenheit eines »ewigen« Kroatentums zu verkriechen und sich gegen die »anderen« abzugrenzen; gegen den Balkan, den Islam, die Serben. Die alten Mythen und traditionellen Feindschaften haben also manchmal aus sehr aktuellen Gründen Konjunktur. Auch der Beobachter des großen Rennens ist vor der Perspektive nicht gefeit; es ist wirklich schwer, etwas Gültiges über Kroatien zu sagen. Auf keinen Fall darf der Augenzeuge Staffelei und Malkasten auspacken und versuchen, die Wahrheit über Kroatien und seine Bewohner im Stil alter Kupferstiche und klassizistischer Ölgemälde zu zeigen. Deshalb habe ich mir auch vorgenommen, meine Leser so wenig wie möglich mit Schlachten, türkischem, serbischem oder sonstigem Joch, mit uralten Siedlungsgebieten oder mit angestammten nationalen Rechten zu quälen. In die Geschichte will ich nur ausweichen, wo das Verständnis der Gegenwart dazu zwingt – und das ist schon oft genug.

Bis zur nächsten Auflage dieses Buches wird das atemlose Kroatien wohl ein ganzes Stück weiter rennen. Das ist ihm wenigstens zu wünschen. Zwar steht immer wieder jemand am Straßenrand und ruft: »He! Was rennt ihr so? Wir sind doch schon längst in Europa! Schaut lieber zu, dass ihr das den arroganten Westlern endlich beibringt!« Zurzeit hört niemand auf die Zwischenrufer, und das ist gut so. Identität kriegt man nicht, indem man das bewahrt, was man dafür hält; ihre kroatische Farbe bekommen Rechtsstaat, Demokratie, Marktwirtschaft und Europa am Ende ganz von alleine. Mythen und Feindschaften wird es dann hoffentlich nicht mehr brauchen, und zwischen dem Land und der Nation, »Kroatien« und den »Kroatiern« wird, wenn es gut geht, niemand mehr einen Unterschied machen wollen.

Eins, zwei, drei, viele Kroatien

Was der Nationalstolz alles zusammenhalten muss

Womit man sich zum Verständnis Kroatiens vertraut machen muss, kann man an den Rückspiegeln der Autos ablesen. Dort baumelt die klassische »kroatische Dreifaltigkeit«: die Schachbrettflagge, der Rosenkranz, der Wunderbaum. Sie stehen, wenn man so will, für das nationale, das katholische und das proletarische Element.

Den Wunderbaum einfach dem Proletariat zuzuordnen ist zugegebenermaßen nicht ganz fair. Die stark riechenden Rauchverzehrer kriegt man an jeder Tankstelle. Sie hängen nicht nur an den kleinen *Fiats* und den alten *Polos* der Arbeiterklasse, die schon in den neunziger Jahren die jugoslawischen Typen *Yugo* und *Zastava* abgelöst haben. Man findet sie auch an den *Audis* und *BMWs*, die in den letzten Jahren in Kroatien am häufigsten neu angemeldet worden sind. Hergestellt im Schweizer Kanton Schaffhausen, überziehen die grellen »Lufterfrischer« in den Duftnoten Vanille, Grüner Apfel oder Zitrone die Straßenlandschaften des Balkan bis tief in die Türkei. Man braucht sie, wenn man im Auto raucht; sie ersetzen den einen unangenehmen Geruch durch einen anderen.

Paffende Partisanen im Polo

Rauchen tun natürlich auch in Kroatien nicht nur Arbeiter. Das Qualmen ist aber Ausdruck einer unbürgerlichen Wertewelt und Lebensweise. Viele Menschen denken gar nicht daran, ihr Leben nach den Empfehlungen von Gesundheitsberatern auszurichten, und zeigen für die einschlägigen Empfindlichkeiten anderer auch nicht allzu viel Verständnis. Es wird in Kroatien auch gern und viel getrunken. Wenn man sich im Taxi anschnallt, nimmt der Fahrer das als Misstrauen gegen seine Fahrkünste und ist beleidigt.

Sicherheit wird klein geschrieben. Das qualmende, trinkende, verwegene, sprich: das proletarische Jugoslawien hat schon auf die Heranwachsenden unter den Adria-Touristen der sechziger bis achtziger Jahre seine Faszination ausgeübt. Wer aus der Welt der Einfamilienhäuser, der gescheitelten Buchhalter und der dauergewellten Hausfrauen kam, traf hier auf wilde Kerle, vor allem aber auf rauchende Frauen mit scharfem Blick und dunkler Stimme. Die demonstrative Missachtung der Gesundheit kommt gern als Lässigkeit daher. Aber ihr Charme ist verflogen. In jedem Falle bleibt die Gesundheitsvergessenheit nicht ohne Folgen. Die Lebenserwartung der Kroaten liegt deutlich hinter dem europäischen Durchschnitt und sogar hinter der Serbiens und Albaniens zurück. Nach einem Index, der sich aus Alkoholverbrauch und alkoholbedingten Gesundheitsschäden zusammensetzt, hat das US-Magazin *Forbes* die Kroaten zu den Trinkweltmeistern erklärt. Von einer Million Kroaten kommen 139 durch einen Verkehrsunfall ums Leben, mehr als doppelt so viele wie in Deutschland. Noch mehr sind es in Europa nur in Griechenland.

Die Qualmwolken in Cafés und Hotelhallen, Wohnungen und Autos drängen Besuchern selbstverständlich den Eindruck auf, in Kroatien würde viel mehr geraucht als anderswo. Das stimmt und stimmt nicht. Da sie erheblichen volkswirtschaftlichen Schaden anrichten, sind die Rauch(un-)sitten der Kroaten tatsächlich Gegenstand wissenschaftlicher Forschung. Dabei kommt dann heraus, dass sich unter den Kroaten tatsächlich mit 36 Prozent um die drei Prozent mehr Raucher als unter EU-Bürgern im Durchschnitt finden – etwas mehr als unter den Deutschen, etwas weniger aber als unter den Österreichern. Den Unterschied macht das Kettenrauchen, das in Kroatien tatsächlich stärker verbreitet ist als anderswo: In Kroatien rauchen mehr Menschen als sonstwo in Europa über 35 Zigaretten am Tag, so die Untersuchung eines Amerikaners und einer Kroatin. Und sie tun es tatsächlich besonders hemmungslos, wie die Forscher nachgewiesen haben. Außer in Rumänien qualmen nirgendwo so viele in den eigenen vier Wänden oder im Auto. »Rauchen wie ein Türke« nennt man das unentwegte Paffen in Kroatien, obwohl die Kroaten selbst ihre Lehrmeister vom Bosporus im Tabakverbrauch schon lange überholt haben. Kroaten trauen sich auch mit deutlichem Abstand am allerwenigsten, einen Raucher, der ihnen seinen Qualm ins Gesicht bläst, zur Mäßigung aufzufordern oder vor die Tür zu schicken. Rauchen ist wie atmen – in jedem Sinne. Es ist deshalb auch kaum irgendwo verboten. Zigaretten waren bis vor kurzem billig und sind es immer noch, wenn man sie aus Bosnien herbeischleppt. Die Warnhinweise des Gesundheitsministers sind diskret, fast verschämt. Noch, muss man hinzufügen.

Proletarisches Selbstbewusstsein

Auch wenn sie nicht rauchen, sind die Leute in Kroatien unkompliziert. Man muss keine schwierigen Regeln beachten, wenn man mit ihnen Umgang pflegt, keine Krawatte anziehen, aber auch keine schwarzen Polohemden, muss keine besonderen Anredeformeln wählen und sich nicht ständig überschwänglich bedanken. Es ist eher wie in Dortmund als wie in München oder in Wien. Wenn man in der Stadt auf die Toilette muss, geht man einfach in ein Café oder ein Restaurant. Keiner würde einen aufhalten, denn jeder weiß, dass alle mal aufs Klo müssen. Echt proletarischer Natur ist das Selbstbewusstsein, das Arbeiter und Angestellte an den Tag legen, manchmal übrigens sehr zum Verdruss ausländischer Investoren. Die wachsenden Unterschiede zwischen Arm und Reich werden nicht akzeptiert. Nach dem Eurobarometer der EU sind die Kroaten krassen Einkommensdifferenzen gegenüber noch skeptischer als Bulgaren und Rumänen. Dabei ist der Abstand zwischen einem hohen und einem niedrigen Verdienst noch immer viel geringer als anderswo. Kroatien findet sich im europäischen Vergleich zusammen mit Ländern wie Slowenien, Tschechien und Ungarn, aber auch Deutschland und Belgien in der relativ egalitären Klasse. Überall sonst in Westeuropa, zum Beispiel auch in Österreich, Polen, Rumänien und Bulgarien und erst recht im post-sowjetischen Baltikum ist die Lücke zwischen Arm und Reich größer. Gemessen wird das nach dem sogenannten Gini-Index.

Das Selbstbewusstsein der Arbeiter und die Kritik an den Chefs ist ein Erbe der jugoslawischen Ära. Nirgendwo in den EU-Beitrittsländern empfinden Arbeitnehmer so starke Spannungen zwischen Belegschaft und Unternehmensleitung, haben die Demoskopen des Eurobarometers festgestellt. In Kroatien finden 60 Prozent das Klima im Betrieb »gespannt«, in den EU-Ländern, einschließlich der 2004 beigetretenen mitteleuropäischen, sind es nur

36 Prozent und selbst im streikfreudigen Rumänien nur 49 Prozent. Überall in den Übergangsländern werden die Rechte von Arbeitnehmern missachtet, aber nicht überall fällt es den Betroffenen so auf. Anders als im Ostblock, wo einzelne Betriebe samt ihren Leitern Rädchen in einer Hierarchie waren, hatten die »gesellschaftlichen Unternehmen« in Jugoslawien erhebliches Eigengewicht. In der »sozialistischen Marktwirtschaft« herrschte das Prinzip der »Arbeiterselbstverwaltung«. Das Management wurde von der Belegschaft gewählt, und kein zentraler Plan wies dem einzelnen Betrieb Produktionsziffern zu. Die Freiheit hatte ihre Grenzen, hat den Beschäftigten aber doch viel mehr als im Ostblock und im kapitalistischen Westen das Gefühl eingepflanzt, ihr Betrieb gehöre ihnen. Das Eigentumsgefühl hat viele Kroaten auch nach der Privatisierung nicht verlassen. Ausländische Investoren stoßen auf Skepsis nicht nur, weil sie Ausländer sind, sondern auch, weil sie die autoritären Sitten kapitalistischer Unternehmen einführen. Geradezu sprichwörtlich ist das pralle Selbstbewusstsein der kroatischen Handwerker, der berüchtigten *majstori*, die nur ins Haus kommen, wenn sie wollen, und dann auch nur das reparieren, was sie reparieren wollen.

Der mitunter raue Ton im alltäglichen Umgang, das verbreitete Du, die Lässigkeit und das offenkundige Desinteresse an Formalien und *bella figura* ist in Kroatien wohl mindestens so sehr dörflich-bäuerlich wie proletarisch. Bis zum Zweiten Weltkrieg hatte das Land wenig Industrie. Zwar gab es in Zagreb schon im 19. Jahrhundert eine Reihe von meist jüdischen Fabrikanten. Die Produktionsstätten waren aber klein. Die sozialdemokratische Partei wurde zwar schon 1894 gegründet, bestand zunächst aber vor allem aus Eisenbahnarbeitern im Staatsdienst. Große Industrie- oder Bergbaureviere, wie in Polen oder Tschechien, aber auch in Serbien, gab und gibt es nicht.

Das kroatische Bauerntum dagegen war auf der Wende vom 19. zum 20. Jahrhundert jahrzehntelang Gegenstand eines regelrechten Kultes. Die Bauernpartei der Gebrüder Radić, die das Land von ihrer Gründung 1904 bis zum Zweiten Weltkrieg prägte, arbeitete nicht nur auf politischem, sondern auch auf kulturellem Gebiet, führte Trachtenumzüge und Folklore-Festivals ein. Das war nicht, wie zur gleichen Zeit die deutsche Jugendbewegung, der Romantizismus einer bürgerlichen Gesellschaft. Die meisten Kroaten waren wirklich Bauern. Das bürgerliche Zagreb reagierte schockiert, als die Radić-Brüder an der Spitze einer Kolonne unrasierter Landleute in einfachen Kitteln in den Sabor, das Hohe Haus, einzogen. Die Bauernpartei gab dem ländlichen rückständigen Kroatien Selbstbewusstsein. Als die Kommunisten die Industrie aufbauten und die Bauernsöhne und -töchter in die Städte holten, verfiel die manchmal etwas gezwungene Dorfkultur vielerorts wieder. Aber richtige Städter wurden viele Neuankömmlinge oft trotzdem nicht. Man behielt das Häuschen auf dem Lande auch noch nach dem Tod der Großeltern. Auch in Zagreb und Split wurde Klage über die Verödung der Dörfer geführt, besonders aber über die typisch jugoslawische »Rurbanisierung«. Das Kunstwort aus rural und urban bezeichnete ein Anwachsen der Städte, ohne dass Infrastruktur und innere Einstellung der Neubürger mit der Entwicklung Schritt hielten. In Zagreb markiert im Bewusstsein noch heute die Save die Grenze zwischen den arroganten *purgeri*, den Bürgern, und den bäurischen *došljaci*, die irgendwann vom Lande in die Trabantenstadt Novi Zagreb gekommen sind. Die aus dem Hinterland sind für den stolzen Bewohner des römischen Split die *vlaji* – Leute, die von ihren Dörfern hinter den Hügeln das Meer nicht sehen können. Der soziale Äquator von Split liegt an der Sutjeska-Straße: Diesseits, bei den Städtern, wird »rot«, jenseits, bei den Neuzuzüglern vom Lande, wird »blau«, also die nationalkonservative Partei gewählt. Grün jedenfalls ist man sich auf keinen Fall.

Als die Bauernpartei stark wurde, fielen die Emanzipation der ländlichen Underdogs und kroatisches nationales Selbstbewusstsein noch weitgehend zusammen. Hätte man damals in Kroatien schon Autos gehabt, wären einem Wunderbaum und Schachbrettfahne am Rückspiegel als ganz harmonische Kombination vorgekommen. Nur den Rosenkranz hätte man wohl nicht dazu gehängt. Wie der Qualm in die Nase, sticht ausländischen Besuchern heute der Nationalstolz nicht immer nur angenehm ins Auge. Zwar ist dessen Zenit lange überschritten, aber das rot-weiße Schachbrettmuster ist noch immer mindestens so verbreitet wie in Amerika die Stars and Stripes. Wer dahinter aber eine homogene Gesellschaft vermutet, irrt sich.

Scharmützel um die Schneekönigin

Sie ist die »Herrin der Skipisten«, die »olympische Kaiserin«, »beste Skiläuferin der Welt« und selbstverständlich immer wieder »die Schneekönigin«: Fans, Rundfunk, Fernsehen und Zeitungen konkurrieren um den passenden Beinamen für die dreifache Olympiasiegerin Janica Kostelić. Für ein »Weltwunder« hält sie *Večernji list*, die größte Tageszeitung, und ein Fan verstieg sich sogar dazu, sie eine »Außerirdische« zu nennen. Das darf sie bei aller Liebe nun wirklich nicht sein. Die Zagreberin, die »dem Sport neue Grenzen setzte«, muss nach ihren Siegen vor allem eines sein: Kroatin. »Janica hat der Welt gezeigt, dass man von Sljeme aus« – dem Hausberg Zagrebs, wo sie als Kind das Skifahren lernte – »die Welt bezwingen kann«, schrieb *Večernji list* einmal mit schon imperialem Unterton.

So gigantisch der Empfang für die Olympiasiegerin ausfiel, so wenig konnte der Gratulantenchor Konkurrenz und Gereiztheit verbergen. Ein wahrer Glückwunschkrieg brach aus. Schulleiter, die andeuteten, für den Empfang nicht frei geben zu wollen, wurden öffentlich angepöbelt. Schon am Wochenende hatte Zagrebs Bürgermeister verlangt, der Empfang für Janica müsse auf jeden Fall größer und strahlender ausfallen als der für den Wimbledon-Sieger Goran Ivanišević im Jahr zuvor. Split, die Heimatstadt des Tennisspielers, war kollektiv beleidigt, und Ivanišević selbst ließ ausrichten, die Zagreber müssten aber 600 000 Leute zusammenbringen – erst dann könne die viermal größere Hauptstadt dem Adriahafen Paroli bieten. Auch die politischen Konkurrenten befehdeten sich hintenherum. Der Staatspräsident hätte nach dem Willen der Opposition eigentlich schon am Flughafen stehen sollen – nur um sich dann als Trittbrettfahrer des Ski-Ruhms beschimpfen lassen zu müssen. So stand nur der Premierminister am Flugzeug, das sogar eine Ehrenrunde über Zagreb und den Sljeme drehte. Einen besonders täppischen Versuch, die Slalom- und Abfahrtsläufe Janicas zu instrumentalisieren, unternahm eine Oppositionspartei. Sie ließ eine einen Kilometer lange Papierrolle anfertigen und forderte die Spitzen des Staates »vom Präsidenten abwärts« ultimativ auf, sich dort – zu Ehren der »planetarischen Königin« – zu verewigen. Am Ende standen aber nur die Namen der Parteigrößen auf dem Band, das nun wenigstens ins »Guinness-Buch der Rekorde« eingehen sollte.

Gleich vier Nationalfeiertage begeht der junge Staat: den »Tag der Staatlichkeit« am 25. Juni, aber auch den »Tag der Unabhängigkeit« am 8. Oktober, dazu den »Tag des Sieges und der vaterländischen Dankbarkeit« am 5. August, schließlich, für die linke Hälfte der Gesellschaft, auch den »Tag des antifaschistischen Kampfes« am 22. Juni. Manchmal schimmert gerade im Stolz auf das unabhängige Kroatien auch noch ein Stück altes jugoslawisches Selbstbewusstsein durch. Der alte Bundesstaat, damals mit 21 Millionen Einwohnern doppelt so groß wie Schweden, war ein wichtiger Akteur auf der Weltbühne, als Initiator der sogenannten »Bewegung der Blockfreien« dritte Kraft neben den gewaltigen Machtpolen Washington und Moskau und nebenbei das Land mit der drittstärksten Armee Europas. Tito, der Staats- und Parteichef, tafelte mit Kennedy und Chruschtschow und wurde immer in einem Atemzug mit Nehru und Nasser, den ebenfalls blockfreien Präsidenten von Indien und Ägypten genannt. Die Pracht ist lange dahin. Titos kroatische Nachfolger empfangen heute vornehmlich Beamte aus Brüssel und Parlamentarierdelegationen aus Bayern und Kärnten.

In Texas ist bekanntlich alles »das größte auf der Welt«. In Kroatien ist alles »das älteste«. Die Kathedrale von Split ist die »älteste der Christenheit«, was nur dann stimmt, wenn man nach der (römischen) Bausubstanz geht. Sogar dass die Kroaten die »älteste Nation der Welt« seien, kann man hören. Die »sportliche Weltmacht«, als die man sich gerne bezeichnet, ist Kroatien – wie übrigens alle post-jugoslawischen Nationen – tatsächlich nur im Basket-, Volley-, Hand- und Wasserball und mit Einschränkungen auch im Fußball. Die skilaufenden Geschwister Janica und Ivica Kostelić blieben Einzelerscheinungen. Im Medaillenspiegel der Olympischen Spiele von Peking lag Kroatien mit zwei Mal Silber und drei Mal Bronze noch hinter Slowenien.

»Bist du einer von uns?«

»Bist du einer von uns?« Zum ersten Mal gehört habe ich die Frage, glaube ich, kurz nach dem Krieg in einem Kleinstädtchen bei Zagreb. Ich recherchierte gerade über den Umgang des neuen Kroatien mit seiner serbischen Minderheit, und offenbar sprach ich schon gut genug Kroatisch, dass man mich wenigstens für ein

Gastarbeiterkind halten konnte. Mein Gegenüber wusste wohl ziemlich viel, war sich aber nicht sicher, ob er mir das alles auch gefahrlos erzählen konnte. Bist du einer von uns? Seither ist mir die kroatische Gretchenfrage immer wieder begegnet. Meistens muss sie gar nicht ausdrücklich gestellt werden. Man erkennt sich: am Namen, am Geburtsort, an der Antwort auf scheinbar harmlose Fragen anderen Inhalts. Die Reaktion auf die Antwort, auch wenn diese unausgesprochen bleibt, ist immer ein stummes Aha. Am Fjord von Dubrovnik, wo ich mich einmal mit kroatischen Dorfbewohnern vor dem Artilleriebeschuss der Jugoslawischen Volksarmee in einen Keller geflüchtet hatte, wollte ein alter Mann von mir wissen, ob ich verlobt sei. Das war eine komische Frage, denn aus dem Alter, in dem man verlobt ist, war ich eigentlich schon heraus. Ein jüngerer Mann klärte dann die Situation: Ich trug meinen Ehering an der rechten Hand – wie die Serben. Die Kroaten tragen ihn an der linken.

Im Krieg, und zumal in einer solchen Lage, klang die Frage *Jesi li naš?* manchmal gruselig. Heute ist das nicht mehr so; gestellt wird sie aber auch im selbständigen Kroatien noch immer. Echten Gastarbeiterkindern geht die Frage gelegentlich auf die Nerven. Viele junge Kroaten, die in Deutschland, Belgien oder Österreich groß geworden sind, haben Partner von dort geheiratet und sind in den Ländern, in denen sie leben und deren Staatsangehörigkeit sie – meistens neben der kroatischen – haben, perfekt integriert. Sie bilden keine Ghettos. »Nirgends gibt es ein kroatisches Little Italy, nirgends nur die Spur eines kroatischen Kreuzberg«, hat der Autor und Verleger Nenad Popović gefunden, der selbst einen guten Teil seiner Jugend in Deutschland verbracht hat. Gleichzeitig hängen die Gastarbeiterkinder oft an ihrem Herkunftsland und freuen sich über die unverstellte Herzlichkeit, die ihnen von ihren kroatischen Verwandten entgegenschlägt. Aber die Selbstverständlichkeit, mit der sie mit allem ihrem Denken und Fühlen eingemeindet werden, ist ihnen doch nicht immer ganz geheuer. Sie sind *auch* Kroaten, aber doch nicht *nur*, und sie pflegen zu manchen Fragen, etwa wenn es um Partnerschaft geht, andere Vorstellungen, als sie in der Heimat ihrer Eltern vorherrschen.

Das Unbehagen der Gastarbeiterkinder ist begründet. Hinter der kroatischen Gretchenfrage steckt die Vorstellung von einer engen, familiären Gemeinschaft. In einer Familie kennt man sich und weiß so ungefähr, was der andere als nächstes sagt. Wer Kroate ist, muss so oder so denken, so oder so empfinden. Sage mir, wo du herkommst, und ich sage dir, wie du denkst: Mit dieser Formel unterscheidet man in Kroatien nicht nur Kroaten von Serben, sondern auch Kroaten aus der Lika, dem Kordun, dem Konavle oder dem Zagorje voneinander.

Sag mir, wo du herkommst, und ich sage dir, was du denkst

»Wo kommt der her?« ist immer die erste Frage, die sich rundum alle stellen, wenn irgendwo jemand Neues auftaucht. Kennt man die Antwort, weiß man scheinbar über alles Bescheid. Kroaten wissen tatsächlich oft genau, wie in welcher Kleinstadt und sogar in welchem Dorf gewählt wird, wo man Geld hat und wo nicht, ob man von dort nach Zagreb oder nach Belgrad zum Studieren ging, ob hier früher die Kommunisten oder die Faschisten die Herrschaft hatten und ob die Fußballfans dort zu Dinamo Zagreb oder zu Hajduk Split hielten. Es sei ja allgemein bekannt, hat ein Politiker dieses Namens einmal gesagt, dass die Živković aus Benkovac gut katholisch seien und nicht etwa Serben, wie man bei dem serbisch klingenden Namen glauben könnte. Ein einzelner muss schon viel tun, um sich von den Vorurteilen über seine Herkunft frei zu machen. Von dem Politiker Dražen Budiša hatte ich als frisch angekommener Balkan-Korrespondent gehört, dass er vor zwanzig Jahren an der Uni Zagreb die Studentenproteste angeführt hatte. Aber wen immer ich auf Budiša und seinen interessanten Werdegang ansprach, gab mir zur Antwort: Budiša? Der ist doch aus Drniš! Drniš ist eine etwas düstere Kleinstadt im Hinterland der dalmatinischen Küste und steht im Ruf, strenge und radikale Persönlichkeiten hervorzubringen. Umgekehrt war ein nicht zu unterschätzendes Argument für den neuen Staatspräsidenten Ivo Josipović die Herkunft seiner Eltern aus Baška Voda, einem idyllischen Dörfchen an der Küste bei Makarska. Baška Voda, glaubt man in Kroatien zu wissen, ist die Wiege großer Talente.

Die politische Einordnung nach Heimatstädtchen würde gut zu einer Gesellschaft mit langen, tief verwurzelten Traditionen passen. Das trifft auf Kroatien aber überhaupt nicht zu. Die ganze Balkanregion ist mit ihren historischen Wanderungen, ihren Nomaden, den Kriegen und ethnischen Säuberungen und schließlich der massenhaften Arbeitsemigration ohnehin schon ein arges Durchzugsgebiet. Kroatien aber hat unter seinen Nachbarländern die turbulentesten Bevölkerungsumschichtungen mitgemacht. Der ganze Osten des Landes war nach dem Abzug der Osmanen Ende des 17. Jahrhunderts menschenleer und wurde mit Völkerschaften aus der ganzen Donaumonarchie komplett neu besiedelt. Ein knappes Drittel des heutigen Kroatien und gut die Hälfte des Ostens gehörte zur sogenannten Militärgrenze. Schon seit dem 16. Jahrhundert hatte der Kaiser in Wien in einem breiten Streifen an der Grenze zum osmanisch besetzten Bosnien christliche Bauern ansiedeln lassen, die von Abgaben befreit waren und keinem Grundherrn gehorchen, dafür aber Kriegsdienst leisten mussten. Sie stammten meistens aus dem damals türkischen Balkan; nach ihrer Nationalität wurde nicht gefragt. Viele von ihnen waren Serben. Später kamen deutsche Donauschwaben, die vorher weiter östlich gelebt hatten. Die Deutschen und die Serben sind schon wieder weg. Nach dem Zweiten Weltkrieg zogen Kroaten aus der Herzegowina in die deutschen Häuser ein. In manchen Orten an der Küste lebten Kroaten – und übrigens auch viele Serben – nach dem Zweiten Weltkrieg wie in einer fremden Kulisse. Pula, Poreč und Rovinj in Istrien und die Großstadt Zadar in Dalmatien waren bis dahin rein italienisch gewesen. In Poreč trafen die jugoslawischen Soldaten der Legende nach nicht einmal mehr eine alte Frau an, die ihnen den Weg zum Rathaus hätte weisen können.

Aber auch im Rest des Landes hat fast jeder Ort seine Migrationsgeschichte. Im Žumberak, einem Höhenzug bei Zagreb, siedelten einst Serben, die dann katholisch wurden. Die Patrizier von Dubrovnik und Split und die Großbürger von Zagreb wurden nach dem Zweiten Weltkrieg in alle Winde zerstreut, Hunderttausende aus der Provinz zogen zu. Mehr als ein Viertel der jugoslawischen Bevölkerung zog zwischen 1948 und 1971 aus beruflichen Gründen innerhalb des Landes um. Hunderttausende Kroaten gingen von den sechziger Jahren an zur »vorübergehenden Arbeit« nach Deutschland und blieben dort; wie viele es genau sind, weiß man nicht, denn damals wurde nicht nach Nationalität unterschieden. Heute wird geschätzt, dass zwischen 300 000 und 400 000 deutsche Einwohner Kroaten sind oder waren oder kroatische Eltern haben. Knapp 50 Prozent der Kroaten haben nach einer Untersuchung des Jahres 1999 mindestens einen Verwandten im Ausland, der höchste Wert in ganz Europa. Wer seine Mitmenschen nach dem Heimatort einordnen will, muss sich deshalb genau auskennen und sogar über Familiengeschichten Bescheid wissen. Vom Staatspräsidenten Stipe Mesić wusste zum Beispiel immer jeder, dass er aus einem beschaulichen Kleinstädtchen in Slawonien kam, seine Familie aber vor bald hundert Jahren aus Stajnica in der Lika zugewandert war. In Osijek regierte im Krieg und lange darüber hinaus ein Warlord namens Branimir Glavaš, eine Figur, die zu der gemütlich wirkenden Stadt an der Drau so gar nicht passte. »Aber seine Familie kommt ja aus der Herzegowina!«, schallte es mir entgegen, als ich mich einmal darüber wunderte. Herzegowiner tragen, wie man in Zagreb zu wissen glaubt, Goldkettchen und weiße Tennissocken, fahren Mercedes, ergaunern sich ihre Vermögen, um es unter ihren Vettern zu verteilen, hatten einen faschistischen Opa und küssen ihren Franziskanerpatres die Hand. Das Klischee über die Kroaten aus dem Nachbarland sitzt so fest, dass es an Rassismus grenzt. Allen war es klar, nur ich hatte mal wieder überhaupt nichts verstanden.

»Volle Äcker und fruchtschwere Eichen«

Hinter der Obsession mit den Heimatorten steht die Überzeugung: Wer anders denkt, muss irgendwo anders herkommen. Abweichendes Denken wird ausgebürgert; dann muss man sich nicht damit auseinandersetzen. Je fremder, desto besser: Wenn einer woanders herkommt, hat es keinen Sinn, seine Gedanken ergründen zu wollen, denn er hat ja ganz andere Erfahrungen, einen ganz anderen Hintergrund. Und wenn ich mich mit den »fremden« Meinungen nicht auseinandersetzen muss, brauche ich auch meine eigenen keiner kritischen Prüfung zu unterziehen. Den Gegner aus der argumentativen Schusslinie nehmen, um sich selber vor einem möglichen Gegenangriff zu schützen: Das ist der tiefere Sinn der Fragerei. Hier wird so gedacht und dort eben anders: Die Formel macht es mir möglich, mich jeder inhaltlichen Auseinandersetzung zu entziehen. Mit Händen zu greifen war der Reflex, als das aufgeklärte Zagreb sich um die Mitte der neunziger Jahre von Tudjman und seinem Bosnien-Krieg abzusetzen begann. Plötzlich wurden für alle Merkwürdigkeiten in Tudjmans Politik die Herzegowiner verantwortlich gemacht, von denen sich in der Umgebung des Präsidenten tatsächlich eine Menge fanden. Dass Tudjman selbst ja aus dem Zagorje stammte, einem verschlafenen Bauernland bei Zagreb, wurde zur Verhandlung nicht zugelassen.

Das Familiäre, Provinzielle hinter dem kroatischen Nationalgefühl hat auch etwas Beruhigendes. Sein Kern ist der Rückzug auf das Eigene, Vertraute. Wer sich in die Gewissheiten seiner engeren Umgebung kuschelt, wird nicht so leicht von verlorenen Reichen träumen und die halbe Welt erobern wollen. Der kroatische Schriftsteller Tin Ujević (1891–1955) hat das schön zum Ausdruck gebracht: »Ohne strahlende Staatsgebilde, ohne Größe der Tat, hatte das Kroatentum immer Ausdauer im Leiden, Beharrlichkeit im Widerstand, eine beachtliche passive Energie.« Wenn Ujević seinen Landsleuten darüber hinaus eine »Neigung zum Frieden, zum Guten, zu Liebe und Vergebung« attestiert, ist das natürlich ein geschöntes nationales Selbstbild. Aber um Selbstbilder geht es ja, und eben darin unterscheidet sich der kroatische in der Tat von anderen Balkan-Nationalismen, die sich aus großen Unterdrückungs- und Befreiungsgeschichten, der Erinnerung an große Herrscher und deren gewaltige Reiche speisen. Fragt man Kroaten, worauf sie stolz sind, kriegt man immer wieder spontan zur Antwort: die wunderschöne Küste, das stolze Zagreb, das strahlende Dubrovnik, die Wasserfälle von Plitvice. Das Aufzählen von Schönheiten und Annehmlichkeiten ist ein uralter Topos. »Einträchtige Menschen, ruhige Dörfer, / Grasgrüne Felder, angenehme Zeiten, / Volle Äcker und fruchtschwere Eichen, / Schwärme von Immen, zahlreiche Herden« – so besang schon der Renaissance-Dichter Ivan Gundulić seine Heimat. Kein Wort von Heeren, Herrschern und Schlachtenlärm. Im Krieg der neunziger Jahre brachte es ein kitschiger Schlager, der wieder und wieder im Radio gespielt wurde, zur heimlichen Nationalhymne. Es herrschte Krieg, und das ganze Land sang: »Es hat die Kraft des gold'nen Weizens / Hat das Aug' des blauen Meeres / Mein Land Kroatien.«

Wer so unvorsichtig ist, das Thema anzuschneiden, bekommt in Kroatien noch heute das Lied vom »tausendjährigen Traum« vorgesungen – nicht mehr mit soviel Pathos wie noch vor ein paar Jahren, aber doch mit Überzeugung. Der Staatsgründer und erste Präsident Franjo Tudjman pflegte seinen Bürgern einzure-

Mit den Nazis wollte er nichts zu tun haben, in Jugoslawien holte er für die Kroaten mit Geschick und ruhiger Hand mehr heraus als jeder vor und jeder nach ihm: Vladko Maček (1879–1964).

den, sie hätten »tausend Jahre lang« von einem eigenen Staat geträumt, und als sie das oft genug gehört hatten, haben die meisten Kroaten es irgendwann geglaubt. Die Historiker wissen es besser: In Wirklichkeit wollte das »Volk ohne Uniform« bis 1990 immer nur eine begrenzte Autonomie. Als die Kroaten von den Ungarn 1869 einen eigenen Haushalt angeboten bekamen, lehnten sie ab und zogen feste Überweisungen aus Budapest vor. Als die Serben 1921 eine zentralistische Verfassung für Jugoslawien durchsetzten, protestierten die Kroaten, nicht weil sie unabhängig, sondern weil sie in dem neuen Staat ein »eigenständiger Faktor« bleiben wollten. Und als die Deutschen 1941 Vladko Maček, dem unumstrittenen Anführer der Kroaten, das Präsidentenamt in einem selbstständigen Staat anboten, entzog er sich.

Die Kroaten, sagt Tin Ujević, sind »keine Eroberer, und der Gedanke an weite Grenzen beschäftigt ihre Einbildungskraft nicht«. Der kroatische Nationalismus ist seiner Natur nach in der Tat defensiv; das ist freilich nicht dasselbe wie harmlos, wie noch zu zeigen sein wird. Wach wird er immer dann, wenn man das »Ureigene« bedroht sieht. Er wehrt sich weniger gegen Konkurrenz und offene Feindschaft als gegen Vereinnahmung und gegen zu viele Zumutungen. Statt zu kämpfen, entzieht er sich – einem zentralistisch orientierten Belgrad ebenso wie früher dem Nationalliberalismus der Ungarn und jetzt einer fordernd auftretenden Europäischen Union. Der heimliche Nationalfeiertag der Kroaten, meint Nenad Popović, war zu jugoslawischer Zeit der 25. Dezember, und begangen wurde er mit dem feierlichen Hochamt im Zagreber Stefansdom. Man ging massenhaft hin, sah und erkannte sich. Für Diskussionen oder gar Parolen ist in, vor und nach der Messe kein Platz. Wenn gebetet wird, kann keiner wissen, was der andere sich dabei denkt. Es ist ein Fest des stummen Einvernehmens.

Das kroatische Kipferl

Der Nationalstolz hat in der Tat einiges zu kitten in einem Land, das sich schon beim Blick auf die Landkarte als reichlich ausgefranstes Gebilde präsentiert. Will man von Dubrovnik im Südosten nach Osijek im Nordosten fahren, führt fast die ganze 500 Kilometer lange Strecke durch Bosnien. Wenn man auf kroatischem Staatsgebiet bleiben möchte, sind es 900 Kilometer. Ganz ohne Grenzübertritt geht es in keinem Fall, denn Dubrovnik liegt in einer Exklave und ist nur zu erreichen, wenn man wenigstens über Neum fährt, die kleine Stadt, bei der Bosnien die Lippen spitzt und die Adria küsst. Oder aber über das Meer: Weil man dabei kroatische Hoheitsgewässer nicht verlassen muss, ist Dubrovnik für die Geografen nur eine »unechte Exklave«.

Wer fliegt, reibt sich erst recht die Augen. Die Gegend um Osijek und die um Dubrovnik sind mindestens so verschieden wie Sylt und das Allgäu, und das nicht nur landschaftlich. Kroatien hat kaum ein *Corporate Design*. Vom Foto einer beliebigen Straßenszene kann niemand sagen, ob es in Kroatien oder einem Nachbarland aufgenommen wurde. Bilder aus Zagreb könnten auch aus Prag, Budapest oder Bratislava sein: die gleichen dickwandigen Bürgerhäuser mit ihren tief herabgezogenen, in allen Rottönen schillernden Ziegeldächern, aber auch die gleichen seelenlosen Bürobauten aus späterer Zeit. Wer an der Drau entlang nach Osten fährt, muss schon die Straßenschilder lesen, wenn er sicher sein will, nicht in Ungarn gelandet zu sein. Hier wie dort führt die Reise durch langgezogene Straßendörfer. Rechts und links hinter breiten Grünstreifen, einem offenen Kanal und einer Reihe Obstbäume stehen einstöckige Häuschen. An der Küste schließlich sieht es aus wie in Italien: Der Turm steht neben der Kirche, und selbst kleine Dörfer wirken von innen wie städtische Steinwüsten, wenngleich sehr attraktive. Etwas »typisch Kroatisches« ist weder im Orts- noch im Landschaftsbild auszumachen.

Kroatien, Slowenien und Österreich haben fast die gleichen Autokennzeichen: Zwei Buchstaben für den Bezirk, dann ein Wappen, dann eine zufällige Zahl-Buchstabe-Kombination. Das Wappen macht den Unterschied, nicht durch seine konkrete Gestalt, sondern nach dem Prinzip, nach dem es gewählt ist. In Österreich ist es immer das Wappen des Bundeslandes, das für die Identität der Österreicher tatsächlich eine wichtige Rolle spielt. Die Slowenen bilden die Wappen der einzelnen Gemeinden und sogar Stadtteile ab und geben damit dem kleinförmigen Lokalpatriotismus Ausdruck, der hier vorherrscht. Auf kroatischen Nummernschildern gibt es ein einziges Wappen, die Schachbrettfahne, die als Symbol eigentlich redundant ist, denn das Nationalitätenkennzeichen, oft schon mit den EU-Sternen, kommt gleich daneben. Dass es nur ein Wappen gibt, ist allerdings kein Zeichen für eine besonders fest gefügte nationale Einheit. Es zeigt im Gegenteil die Furcht der Mächtigen, das Land könne ohne Symbole und nationale Ideologie einfach auseinander fallen.

Je nach dem, wie man es sieht, setzt sich Kroatien aus zwei, drei, vier, fünf oder sogar etwa zwanzig Teilen zusammen: dann, wenn man die historischen Landschaften zählt, die vom Konavle südlich von Dubrovnik über die karge Lika, das gemütliche Medjimurje bis in die ungarisch anmutende Baranja reichen. Nur für

Politik und Verwaltung besteht Kroatien aus 21 sogenannten »Gespanschaften« – ein merkwürdiges deutsches Wort, das aus dem Kroatischen stammt, über das Ungarische ins Deutsche gekommen ist und heute, wenn überhaupt, nur für kroatische Provinzen in Gebrauch ist. Das Wort wurde früher für ungarische Provinzen oder Komitate verwendet. Die heutigen Gespanschaften aber, auf Kroatisch *Županije*, sind eine Erfindung der Tudjman-Ära und dienten in der Tat dem Zweck, nur ja keine zentrifugalen Tendenzen aufkommen zu lassen. Ihre Grenzen durchschneiden historische Landschaften und erweisen sich manchmal nur dann nicht als zufällig, wenn man das Wahlkalkül der Tudjman-Partei kennt, die das Land von 1990 bis 1999 weitgehend unbeschränkt beherrschte. Heute sind sich alle Vernünftigen darüber einig, dass die Gespanschaften sinnlos und der Zagreber Zentralismus ein Übel ist. Eine Verfassungs- und erst recht eine Gebietsreform fällt einer Demokratie, wie man weiß, jedoch am allerschwersten.

Geht man nach dem Wappen auf der Nationalflagge, muss man Kroatien in fünf Teile teilen, von denen jeder durch ein kleines Wappen über dem Schachbrettmuster repräsentiert ist. Ganz links der Stern und der Halbmond stehen für Zagreb und seine Umgebung, das Zagorje – für »Zivil«-, »Zentral«- oder »Banal-Kroatien«, das nicht so heißt, weil es so langweilig wäre, sondern weil es von einem *Ban* regiert wurde, dem kaiserlichen Statthalter. Die beiden roten Streifen auf blauem Schild sind das Wappen von Dubrovnik, der stolzen Kaufmanns- und Seefahrerrepublik, die über Jahrhunderte sowohl den Türken als auch den Venezianern trotzte. Die drei Leopardenköpfe in der Mitte symbolisieren Dalmatien, rechts daneben die Ziege Istrien. Der Marder mit dem Stern darüber ganz rechts steht für Slawonien. Der kroatischen Rechten übrigens ist auch die »Krone« des Wappens schon zuviel Zugeständnis an regionale Vielfalt. Sie schimpft angesichts von Ziege und Marder über »Tudjmans Tierpark«.

Von Mitteleuropa zum Meeresstrand

Wenn Kroatien aus zwei Teilen besteht, so sind das zum einen die Gegend um Zagreb und der ganze Norden und zum andern die Adriaküste plus Hinterland. Man sieht den Unterschied mit bloßem Auge, wenn man von Zagreb nach Split fährt. Hinter

Ogulin werden auf einmal die Felder steinig, die Bäume niedrig und die Ortschaften selten. Es ist die Grenze zwischen Mitteleuropa und dem Mittelmeerraum, zwischen dem kulturellen Einfluss aus Wien und Deutschland und dem von Venedig und Italien. Hier und dort entwickelten sich über die Jahrhunderte sogar zwei verschiedene Standardsprachen, die beide »Kroatisch« hießen. Die Grenze zwischen den »beiden Kroatien«, zwischen Binnen- und Küstenland, spielt immer wieder politisch eine Rolle, wenn die Küste sich mal wieder von Zagreb benachteiligt fühlt. Bis in die allerjüngste Zeit war sie auch eine bedeutende physische Barriere. Bis 2004 die so genannte »Bechtel-Autobahn« nach Split eröffnet wurde, fuhr man von Zagreb in die Hauptstadt Dalmatiens mit dem Auto sechs Stunden, jetzt sind es vier. Nach Rijeka verkürzte sich die Fahrtzeit sogar von vier auf anderthalb Stunden. Bis ins 20. Jahrhundert war eine Reise von Zagreb an die Küste eine Expedition, die durch einsames, unwegsames Land führte.

Wer es historisch sieht, teilt Kroatien in drei Teile ein. Zur Habsburgerzeit wurde zwischen Kroatien, Slawonien und Dalmatien unterschieden, wobei nur die beiden ersten innerhalb des Reiches zu Ungarn gehörten. Dass alle drei Teile so unterschiedlich aussehen, lässt sich historisch leicht erklären. »Zentralkroatien« um Zagreb war Jahrhunderte lang überhaupt das einzige Kroatien. Von Südosten waren die Türken immer weiter nach Nordwesten gezogen und hatten ganz Ungarn, zu dem Kroatien damals gehörte, schließlich so zusammengequetscht, dass von ihm – wie auch vom eigentlichen Ungarn – nur noch eine Art Pufferzone zwischen Österreich und der europäischen Türkei übrig blieb. So sahen das auch die Zeitgenossen und gaben dem geschrumpften Land den traurigen Beinamen *reliquiae reliquiarum* – der Rest vom Rest. Rest-Kroatien, die Gegend um Zagreb, gehörte damit als einziger Teil des Staates immer auch kulturell zu Mitteleuropa: erst zu Ungarn, dann, als Ungarn von Österreich geschluckt wurde, eben zu Österreich, und als Österreich und Ungarn sich 1867 administrativ trennten, wieder zu Ungarn.

Anders verlief die Geschichte in Ost-Kroatien, dem nördlichen, dickeren Ausläufer des kroatischen »Kipferls«. Die Gegend war immer schon dünn besiedelt gewesen und nach der Besetzung durch die Osmanen so gut wie entvölkert. Zur Türkenzeit standen dort Moscheen mit Minarett. Davon ist nichts übrig geblieben: Als Österreich das Gebiet zurückeroberte, floh fast die ganze muslimische Bevölkerung nach Bosnien. Für den Hof in Wien wurde das Land zwischen den großen Flüssen Drau und Save das, was der Wilde Westen für Amerika war. Es wurde Stück um Stück kolonisiert. Dörfer entstanden vom Reißbrett, was man ihnen heute noch ansieht. Dabei kam ein ganz ähnliches Völkergemisch zustande wie in Amerika; nur verlief die Geschichte hier nicht so glücklich. Es gab (und gibt zum Teil noch immer) kroatische, serbische, ungarische, deutsche, slowakische, ruthenische und Roma-Dörfer. Roma zogen von hier aus weit nach Norden und Westen. In dem Wort *Schlawiner*, mit dem in Deutschland früher die fahrenden Slawonier bezeichnet wurden, schwingt neben Geringschätzung auch eine Bewunderung für die Schläue mit, die Bauern den fliegenden Roma-Händlern unterstellten. Es hat seine ursprüngliche Bedeutung lange überlebt.

Dalmatiner und Italiener

Die lange Küste schließlich stand kulturell – und lange Zeit auch politisch – unter italienischem Einfluss. Wenn wir auf die Landkarte blicken, mag uns das heute wundern, denn von Italien ist die kroatische Küste schließlich durch die breite Adria getrennt. Unsere Vorfahren blickten aber anders: Italien war für die Dalmatiner über das Meer viel leichter zugänglich als das weglose, gebirgige, bedrohliche Hinterland mit seinen Räubern und Giftschlangen. Die Italiener sahen es ebenso und nannten die Adria das *mare nostrum* – unser Meer. Die Vormacht lag bei der reichen Kaufmannsstadt Venedig; die Dogen passten auf, dass ihren Handelsschiffen keine Gefahr von konkurrierenden Flotten oder von Piraten drohte. Bis ins 19. Jahrhundert wurde am Ostufer der Adria sogar eine romanische, dem Italienischen eng verwandte Sprache gesprochen: das Dalmatische. Dessen letzter Sprecher, ein Mann mit dem klangvollen Namen Tuone Udain, starb 1898 auf der Insel Krk.

Wenn man den Blick der Mittelmeer-Anrainer verstehen will, muss man im Atlas statt Straßen Schiffsverbindungen eintragen. Dann liegt Dubrovnik gleich bei seiner Partnerstadt Ancona, aber unendlich weit von Zagreb entfernt. Landratten wundern sich auch gern, warum auf den kroatischen Inseln, wo die Menschen nach neueren bevölkerungsgenetischen Untersuchungen schon seit Jahrtausenden – als »Kroaten«, »Italiener«, »Illyrer« oder was auch immer – zusammen leben, kaum ein Inselbewusstsein herrscht. Man geht eben nicht über Land in ein anderes Dorf auf derselben Insel. Lernt man jemanden aus dem Nachbardorf kennen, dann in Split oder Šibenik, wo man mit dem Schiff hingefahren ist.

Die äußere und innere Nähe zu Italien soll nicht heißen, dass die Küste »eigentlich« gar nicht kroatisch wäre, wie man in Kriegszeiten in Serbien manchmal zu argumentieren pflegte. Tatsächlich dominierte auch an der Adria schon im Mittelalter das slawische Element. In der Renaissance wurde gerade in Dalmatien die kroatische Sprache gepflegt und entwickelt, früher als in anderen Teilen Kroatiens. Aber die frühe kroatische Literatur stand stark unter dem Einfluss der italienischen. In der Architektur ist die Ähnlichkeit zu Italien am klarsten zu erkennen. Die italienische Seite der Adria war unter dem Strich immer schon reicher und mächtiger als die dalmatinische. Das heißt jedoch nicht, dass immer nur der Westen den Osten beeinflusst hätte. Venedig mit seiner Markuskirche und den orientalischen Tudor-Fenstern an seinen Palästen und Ravenna mit seinen byzantinischen Mosaiken sind die besten Beispiele dafür, dass der Einfluss auch umgekehrt funktionierte. Die berühmte *Riva degli Schiavoni* in Venedig heißt so, weil dort früher die »Slawen« mit ihren Waren anlegten. Manchmal haben die Italiener sich den Ruhm der Dalmatiner auch einfach geklaut. Der Erfinder des Fallschirms ist der Welt unter dem Namen Fausto Veranzio bekannt. Nur in Kroatien weiß man, dass er in Wirklichkeit Faust Vrančić hieß und ein Universalgelehrter des 16. Jahrhunderts war, wie überhaupt etliche italienische Humanisten Kroaten waren und aus Dalmatien kamen. Es zog sie in die geistigen Zentren. Split war keines und bekam überhaupt erst vor einigen Jahren eine philosophische Fakultät, und Mitteleuropa war aus der Welt. Gestritten wird zwischen Italienern und Kroaten über den Weltreisenden und Entdecker Marco Polo, der möglicherweise auf der Insel Korčula geboren wurde, wo man heute sein Geburtshaus zeigt.

Als Venedig zu napoleonischer Zeit unterging, kam Dalmatien an Österreich – aber nicht gemeinsam mit Zentralkroatien an dessen ungarischen Teil, sondern es wurde direkt dem Wiener Hof unterstellt. Auch unter den Österreichern galt das italienische Element im Vergleich zum kroatischen als »etwas Besseres«, und nachdem der Kaiser Venedig erobert hatte, wurde die Hegemonie des Italienischen auch noch kräftig gefördert. Als die kroatische Nationalbewegung aufkam, forderte sie zunächst die Vereinigung aller kroatischen Gebiete, auch Dalmatiens, innerhalb der Monarchie. Die Dalmatiner selbst waren hin- und hergerissen. Viele fühlten kroatisch, manche italienisch, vielen war es wahrscheinlich egal. Zwischen dem Ersten und dem Zweiten Weltkrieg war der Küstenstreifen zwischen Italien und Jugoslawien umstritten. Im Vertrag von Rapallo 1920 gewann Italien ganz Istrien mit Rijeka, die Inseln Cres, Mali Lošinj, Lastovo und Palagruža, aber auch die Stadt Zadar, die mehr als 200 Kilometer weiter südlich liegt. Unter Mussolini wurden sogar die slawischen Familiennamen überall rücksichtslos italianisiert: Aus Jakovčić wurde Giacomi, aus Hreščak wurde Crescia. Zadar bauten die Faschisten zur Zitadelle der *italianità* aus. Der italienische Journalist und Schriftsteller Enzo Bettiza, der vor dem Zweiten Weltkrieg in Split aufwuchs und in Zadar zur Schule ging, erinnert sich, dass die rein kroatische Umgebung der Stadt komplett verdrängt wurde.

Ein Nachhall von dem nationalen Gezerre ist noch heute zu spüren. Einerseits trifft man in Dalmatien, das eigentlich erst seit 1939 förmlich zu Kroatien gehört, auf die »größten Kroaten«: Manche Kleinstädte vor allem im Hinterland bringen immer wieder besonders fanatische Nationalisten hervor. Wenn unbekannte Hände am Ortseingang ein großes schwarzes U auf die weißen Felsen pinseln, kommt niemand, um es zu übermalen. Das U steht für die Ustascha, die faschistische Bewegung des zweiten Weltkriegs, die in Kroatien ein mörderisches Regime errichtete, und hat in Kroatien heute denselben Schockfaktor wie in Deutschland das Hakenkreuz – so sehr, dass die »Universiade« in Zagreb 1987 nicht unter ihrem bewährten Symbol, dem U, ausgetragen werden konnte, sondern auf das kyrillische U, das Y, ausweichen musste. Andererseits stehen die Küstenbewohner in Zagreb pauschal im Verdacht der nationalen Unzuverlässigkeit. In den neunziger Jahren wurde der dalmatinische Regionalismus von Zagreb sehr kritisch beäugt. Richtig zu spüren bekommen haben das Misstrauen der Zentralmacht die Bewohner der Halbinsel Istrien. Sie setzten sich deutlich von Zagreb ab, nahmen ihre Minderheiten gegen den kroatischen Nationalismus in Schutz, erhoben das Italienische zur zweiten Amtssprache – und liefen damit zeitweise Gefahr, als Aufständische traktiert zu werden.

Kulturellen und historischen Sinn ergibt neben der Zwei- und der Dreiteilung auch die Unterscheidung in vier Regionen. Istrien, die lanzettförmige Halbinsel in der Achselhöhle der Adria, kam erst nach dem Zweiten Weltkrieg zu Kroatien, der Nordwesten von der slowenischen Grenze bis nach Novi Grad sogar erst 1954. Noch in der Zwischenkriegszeit hatte ganz Istrien zu Italien gehört. Der nördliche Teil mit der Hafenstadt Koper ist heute slowenisch, und die ganze Region ist auf das italienische Triest orientiert. Die Westküste der Halbinsel mit den bekannten Badeorten Umag, Rovinj, Poreč und Fažana war italienisch besiedelt. Nach dem Krieg wurden fast alle Italiener vertrieben oder entschieden sich als »Optanten« mehr oder weniger freiwillig für die Umsiedlung nach Italien, wo sie als *esuli*, Exilanten, begrüßt wurden. Italiener gehörten nach Italien, hatte Tito öffentlich verkündet. Die »ethnische Säuberung«, wie man heute sagen würde, hat offenbar Narben hinterlassen: Zadar und das istrische Pula, die nach dem Zweiten Weltkrieg praktisch einen kompletten Bevölkerungsaustausch erlebten, sind heute trotz relativen Reichtums die Drogenhauptstädte Kroatiens. Rein kroatisch wurde Istrien aber auch nach dem Krieg nicht. Jugoslawiens Mächtige siedelten in den verlassenen Orten nicht nur Kroaten, sondern auch Serben, Bosnier und Albaner an, die im Kriege heimatlos geworden waren. Noch heute kann man in Pula alte Leute reinstes Serbisch sprechen hören. Im Krieg der neunziger Jahre bildete sich in Istrien eine Art multinationaler Korpsgeist heraus. Die Vertreter aller Volksgruppen, auch die Kroaten, waren fest entschlossen, den ethnischen Konflikt nicht zuzulassen.

Nach der Unabhängigkeit führte das belastete Verhältnis zu Italien zu innerkroatischen Spannungen. Auf der einst italienisch geprägten Halbinsel Istrien hatte sich bei der Urknall-Wahl von 1990 eine Regionalpartei durchgesetzt, der »Istrische Demokratische Landtag«, dem sich die meisten lokalen Würdenträger und Wirtschaftsmanager anschlossen. Das hatte einen politischen und einen wirtschaftlichen Grund: Die Istrianer mit ihrem gesamtjugoslawischen Völkergemisch aus Kroaten, Slowenen, Serben, Albanern, Bosniern und sogar Rumänen fürchteten tatsächlich, in den aufkommenden ethnischen Konflikt hineingezogen zu werden, und wollten dem etwas entgegensetzen. Außerdem lebte die

Halbinsel seit den sechziger Jahren glänzend vom Tourismus. Der Krieg in anderen Landesteilen vertrieb die Gäste. Bis auf eine kurze Zeit schafften die Istrianer es tatsächlich, sich und ihre Lebensgrundlage, den Tourismus, aus allem herauszuhalten: In den Katalogen der großen deutschen Reiseunternehmen firmierten die Seebäder Rovinj, Poreč, Pula und Opatija während des Krieges unter »Istrien« statt unter »Kroatien«, das damals als Kriegsgebiet gemieden wurde. Um den multiethnischen Charakter ihrer Region zu unterstreichen – und wohl auch um italienische Touristen anzulocken –, erklärte das Provinzparlament die Region für zweisprachig, Kroatisch und Italienisch, ließ öffentliche Anschläge in beiden Sprachen drucken und zweisprachige Ortsschilder montieren. Nach außen begründet wurde das mit der kleinen italienischen Minderheit. Die Entwicklung wurde in Zagreb mit dem größten Argwohn betrachtet. Tudjman zerschlug die administrative Einheit Istriens mit Rijeka und verlegte die Hauptstadt der Region aus dem multinationalen Pula ins rein kroatische Pazin im Inland. Mit dem Verbot von Grunderwerb für Italiener hielt Zagreb die drohenden »Eroberer« fern. Um Küstengrundstücke und Landhäuser zu kaufen, mussten Italiener die Dienste von Strohmännern in Anspruch nehmen. Im Zuge der EU-Annäherung musste Kroatien mit Beginn 2007 seine Italienerdiskriminierung beenden. Die Schwemme blieb aus, Kroatien erwies sich als haltbar.

Kroaten und Katholiken

Nicht von ungefähr hängt an den Rückspiegeln kroatischer Autos neben der Schachbrettfahne und dem Wunderbaum zwecks eindeutiger Identifizierung auch ein Rosenkranz. Tatsächlich sind fast 88 Prozent der Bevölkerung Kroatiens römisch-katholisch, und die meisten sind es nicht nur dem Taufschein nach. Was sonntäglichen Kirchgang, christliche Gottesbilder und den Glauben an die moralische Autorität der Kirche angeht, stehen die Kroaten, grob gesagt, zwischen dem frommen Polen und dem formal katholischen, de facto aber säkularisierten Österreich – und meistens näher bei den Österreichern als bei den Polen. Anders als bei den Polen ist die Frömmigkeit auch eher jüngeren Datums. Den Meinungsforschern fällt auf, dass sich unter den Kroaten zwischen den Umfragen der Jahre 1989 und 1996 offenbar eine Art Pfingstfest ereignet hat. Wurden 1989 noch 15 Prozent »überzeugte Gläubige« gezählt, waren es 1996 dann 36 Prozent, die Zahl der irgendwie »Religiösen« wuchs von 27 auf 37 Prozent, während die »Atheisten« auf weniger als ein Drittel der Vorkriegszahl absackten.

Den Grund für die rasche Glaubensertüchtigung darf man nicht allein in der Erfahrung des Krieges sehen. Einen gewissen Aufschwung erlebte die Religiosität in vielen Übergangsländern. Im kroatischen Falle aber waren das Nationale und das Religiöse besonders eng verbunden. In Slowenien gilt heute als national zuverlässig, wer sich auf die Partisanentradition beruft. Die katholische Kirche in dem kleinen Nachbarland hat im Zweiten Weltkrieg gemeinsame Sache mit den Deutschen und Italienern gemacht, die die Slowenen ihrer nationalen Eigenständigkeit berauben wollten, und ist seitdem national kompromittiert. Ein »guter«, national orientierter Kroate dagegen hält es mit der Kirche. Anders als in Polen, wo man sich mit katholischem Glauben sowohl gegen die Russen im Osten als gegen die Preußen im Westen abgrenzen konnte, war das in Kroatien aber nicht immer so. Der geistige Vater der kroatischen Nationalbewegung, Ante Starčević (1823–1896), war ein strammer Antiklerikaler, und noch der große kroatische Rebell der Zwischenkriegszeit, Stjepan Radić, hatte mit der Kirche nichts im Sinn. Bis zum Ersten Weltkrieg eignete sich die katholische Konfession auch gar nicht, um die kroatische Eigenständigkeit zu betonen. Die Italiener und die österreichischen Deutschen und viele Ungarn waren schließlich ebenfalls katholisch.

Nach der Unabhängigkeit 1991 nutzte die katholische Kirche die Möglichkeiten, die der nationale Überschwang ihr bot. Allein in Split entstanden seit dem Untergang Jugoslawiens mit öffentlichen Zuschüssen zwanzig neue Kirchen. Ausgerechnet der kommunistisch sozialisierte Ex-Partisan Tudjman ordnete dem Katholizismus eine national verbindende Rolle zu. An hohen Feiertagen rief er die Staats- und Parteigrößen um sich und ließ sie vor den Fernsehkameras gemeinschaftlich das Vaterunser beten – wobei besonders sein späterer Nachfolger Stipe Mesić deutliche Textschwäche zu erkennen gab. Teils wurden der Kirche die Chancen aber auch regelrecht aufgedrängt. Mit der raschen Einführung von staatlichem Religionsunterricht nach deutschem Vorbild war der Klerus anfangs gar nicht glücklich, denn es fehlte an geeigneten Lehrern. Das Problem ließ sich lösen, und Tudjmans Kalkül ging auf. Zum Programm des katholischen Religionsunterrichts gehören auch Pilgerreisen zu den nationalen Weihestätten der Kroaten. Gymnasiasten können im 9. bis 12. Schuljahr wählen, ob sie nach dem Lehrplan der Kirche oder neutral in Ethik und allgemeiner Religionslehre unterrichtet werden wollen. 80 Prozent entscheiden sich für das kirchliche Programm. Trotzdem ist der staatliche Religionsunterricht nicht unumstritten und besonders vielen Sozialdemokraten ein Dorn im Auge.

Die »Kirche unter den Kroaten«

Wer die Kirche des Landes kennenlernen will, muss über Kroatiens Grenzen hinwegschauen, wenigstens bis nach Bosnien und am besten bis nach Deutschland, nach Australien und nach Kanada. Bis vor wenigen Jahren nannte sie sich ganz grenzenlos »katholische Kirche unter den Kroaten«. Das Nachbarland Bosnien-Herzegowina hat überhaupt erst seit kurzem eine eigene nationale Bischofskonferenz. Inoffiziell fühlt sich die kroatische Kirche seit jugoslawischer Zeit für alle Katholiken auf dem Balkan zuständig. Soweit die Gläubigen eine südslawische Sprache sprechen, sind sie deshalb in den letzten Jahrzehnten allesamt zu »Kroaten« geworden. Vorher nannten sich die Katholiken in der serbischen Vojvodina zum Beispiel »Schokatzen« oder »Bunjewatzen«. Zagreb ist das Priesterseminar auch für die Minderheit der katholischen Albaner im Kosovo. Seit den Kriegen der neunziger Jahre haben die Einwohner ganzer katholischer Kosovo-Dörfer über die Kirche die kroatische Staatsangehörigkeit bekommen.

Wie überall in Osteuropa ist die katholische Kirche auch in Kroatien stark vom Klerus geprägt, denn Laientheologen fanden im Kommunismus keine Anstellung, und ehrenamtliches Engagement war nicht erwünscht. Auch das klösterliche, monastische Element ist in der kroatischen Kirche stärker als unter westlichen Katholiken. Hier findet sich eine Parallele zu den orthodoxen Serben, bei denen nur Mönche Bischof werden können. In Bosnien gab es bis 1878 auch unter Katholiken gar keine kirchliche Hierarchie. Alle Seelsorger wurde von den Franziskanern gestellt, und erst als 1878 die Österreicher das Land übernahmen, bekam es seinen ersten Bischof. Aber die Franziskaner verteidigten ihre Bastionen buchstäblich mit Zähnen und Klauen. Der Kampf gegen die »Römlinge« dauert bis heute an. Noch vor wenigen Jahren kam es zu in mehreren herzegowinischen Dörfern zu Schlägereien, als der Bischof in den Pfarreien Weltpriester statt der Ordensgeistlichen einsetzen wollten, die Franziskaner aber die Kirchenmauern zugemauert hatten und das Fußvolk die Schwarzröcke mit Mistgabeln empfing.

Die »Minderbrüder« mit ihren braunen Kutten freuen sich unter bosnischen und herzegowinischen Kroaten über einen Zulauf, von dem andere Orden und andere Nationalkirchen nur träumen können. Besonders in Bosnien und der Herzegowina sind sie auch heute noch der zum Denken, Schreiben und Reden abgestellte Teil der Nation. Intellektuelle gibt es hier nur wenige. Die Familie und die Pflege der persönlichen Beziehungen fressen fast die ganze Freizeit auf, und für freie Organisationen, die nationale und politische Forderungen aufstellen, bleibt entsprechend wenig Zeit. Wenn einer die Ortschronik schreibt, ist es der Priester, und er wird auch zur Einweihung des Volksfestes die besten Worte finden. In nationalen Angelegenheiten, die einen Priester nach unserem Verständnis nichts angehen, genießt er ebenso Autorität. Weltweit sind es meistens Franziskaner, die die »Kroatenseelsorge« leisten und Arbeitsemigranten aus der Heimat und deren Nachfahren im katholischen Glauben, aber auch in nationaler Ideologie unterrichten. Weit über hundert Kroaten, die meisten von ihnen Franziskaner aus Bosnien oder der Herzegowina, leiten Pfarrstellen in Deutschland und lindern so den Priestermangel.

Franziskaner ist allerdings nicht gleich Franziskaner. Kroatien verfügt allein über drei »Provinzen« des Ordens. In ganz Deutschland sind es auch nur vier. Selbst das kleine Bosnien-Herzegowina mit seinen knapp 800000 Katholiken leistet sich deren zwei. Beide sind romkritisch, untereinander aber zerstritten. Während die bosnischen Patres immer um Ausgleich mit den anderen Volksgruppen im Lande bemüht waren, huldigen die herzegowinischen einem ausgeprägten kroatischen Autonomiedenken. Dabei scheuen sie auch Kontakte zum Rechtsextremismus nicht. Ein herzegowinischer Pater liest alljährlich zum Geburtstag des kroatischen »Führers« Ante Pavelić eine Messe, sehr zum Entsetzen von Muslimen und Serben. Herzegowinische Franziskaner gehörten im Krieg um Mostar zu den Scharfmachern und machten später dem deutschen EU-Verwalter Hans Koschnick das Leben schwer.

Ihren größten Erfolg feierten die Ordensleute inzwischen mit der Jungfrau Maria: Seit 1981 erschien im Dorf Medjugorje, mitten im Kernland des Ordens, ein paar Hirtenkindern mehrfach die Gottesmutter. Rasch entwickelte sich ein reger Bet- und Beichttourismus, der dem Dorf – als eine Art zweites Wunder – einen großen Reichtum bescherte. Weder der Bischof von Mostar noch der Vatikan hat den Wallfahrtsort Medjugorje jemals anerkannt, was der Beliebtheit aber keinen Abbruch tut. Auch der Krieg konnte dem neuen Wallfahrtsort nichts anhaben. Unbeeindruckt von dem Geschützdonner aus dem nahen Mostar, den man hier manchmal hören konnte, pilgerten ältere Jahrgänge aus Frankreich, Australien, Kanada weiter nach Medjugorje. Sie kamen mit dem Flugzeug in Split an und wurden dann mit Bussen ins bosnische Kriegsgebiet gefahren, oft ohne zu wissen, in welchem Lande sie sich eigentlich befanden.

Im Schützengraben für den Kardinal

Was die Orientierung in den großen nationalen Fragen betrifft, hat die kroatische Bischofskonferenz also einiges an Gegensätzen zu überbrücken. Sie vereint allerdings ein unversöhnlicher Antikommunismus. Dieser geht zurück auf die ersten Jahre nach dem Zweiten Weltkrieg und dreht sich um die Rolle der Kirche zurzeit der Ustascha, der kroatischen Faschisten, die nach der Zerschlagung Jugoslawiens durch die deutsche Wehrmacht im April 1941 den ersten kroatischen »Nationalstaat« anführen durften. Das Gebilde umfasste damals auch ganz Bosnien, war aber politisch, wirtschaftlich und militärisch ganz von Hitlerdeutschland abhängig.

Das Ustascha-Regime mordete zwischen 1941 und 1945 systematisch die angepassten und meist national-kroatisch empfindenden Juden und verfuhr mit den Serben nach der berühmten Formel seines »Bildungsministers« Mile Budak: ein Drittel vertreiben, ein Drittel konvertieren, ein Drittel töten. Nach Ende des Krieges und der Vertreibung der Ustascha wurde 1946 der katholische Erzbischof von Zagreb, Alojzije Stepinac, zu »mindestens sechzehn Jahren Schwerstarbeit« verurteilt. Die Anklage warf ihm Zusammenarbeit mit dem nazifreundlichen Regime, Zwangskonvertierung von orthodoxen Serben und Widerstand gegen die neue Staatsgewalt vor. Das Ziel dieses Schauprozesses, urteilen Historiker heute, war aber ein nationales. Mit dem Ustascha-Faschismus sollte der gesamte kroatische Nationalismus als Täter identifiziert werden – wie mit anderen Prozessen übrigens auch der serbische. Zu diesem Zweck sollte die katholische Kirche als Denkfabrik und strategisches Leitzentrum für den Völkermord an den Serben vorgeführt werden. »Das war sie aber nicht«, urteilt der Berliner Kirchenhistoriker Klaus Buchenau, der in den Archiven nach Stepinac' Rolle geforscht hat. Der Erzbischof war zwar wie die meisten Kroaten kein Anhänger Jugoslawiens und schon gar kein Freund der kommunistischen Partisanen, verabscheute aber die Ustascha und schützte hier und da Juden und Serben vor der Mordmaschine. Wie der damalige Papst Pius XII. und die meisten deutschen Bischöfe verstand der kroatische Kirchenfürst sich wohl eher als Interessenvertreter der Katholiken denn als Hüter der Menschenrechte und brachte es nicht über sich, die Verbrechen an Andersgläubigen öffentlich anzuprangern. Stepinac verbrachte fünf Jahre im Gefängnis und blieb dann bis zu seinem Tode 1960 unter Hausarrest in seinem Heimatdorf – als Symbolfigur für die Kommunisten. Andere katholische Bischöfe wie die von Sarajewo und von Ljubljana hätten den extremen Ustascha viel näher gestanden, meint Buchenau. Eine Symbolfigur wurde der unglückliche Stepinac dann aber vor allem für die katholische Kirche Kroatiens, die sich unter dem betont nationalen Erzbischof Franjo Kuharić dann sogar »Stepinac-Kirche« zu nennen pflegte. 1998 sprach Papst Johannes Paul II. den Kardinal im kroatischen Nationalheiligtum Marija Bistrica nördlich von Zagreb vor 300 000 jubelnden Kroaten selig.

Krawatte, Kirche, Konsonanten

Was die Kroaten von (fast) allen anderen unterscheidet

Der verstorbene sozialdemokratische Premierminister Ivica Račan hat von Kroatien gesagt, es sei zugleich ein mitteleuropäisches, ein Mittelmeer- und ein Balkanland. Man sollte aber der Versuchung widerstehen, die Landkarte Kroatiens an den historischen Bruchlinien gedanklich auseinander zu schneiden. So einfach verhält es sich mit der Zusammensetzung nicht. Kroatien und das Kroatische sind, wie Račan es ganz treffend formuliert hat, *zugleich* mitteleuropäisch, mediterran und balkanisch – eine Mischung also, nicht ein Land aus drei unterscheidbaren Teilen.

Mutmaßungen über Mitteleuropa

Unter einem »mitteleuropäischen Land« können sich zwei Jahrzehnte nach dem Fall des Eisernen Vorhangs viele Westeuropäer wieder etwas halbwegs Konkretes vorstellen. Besonders gern von Mitteleuropa spricht man in Österreich: Der Begriff gibt dem kleinen Land mit der großen Hauptstadt, das fünfzig Jahre lang am Rande der westlichen Welt lag, wieder eine zentrale Rolle: »Mitteleuropa«. »Mitteleuropa« ist – zunächst und am genauesten – der ins Kulturelle gewendete Nachfolgebegriff für Österreich-Ungarn. Aber Mitteleuropa ist deshalb noch kein bloßes österreichisches Hirngespinst. Die Donau-Monarchie hat tatsächlich eine übernationale Kultur gestiftet, die noch heute sichtbar ist. Das wird überall in der Region auch anerkannt. Auch in Kroatien: Wenn sich jemand respektvoll und formvollendet verhält, nennt man ihn im anglophilen Deutschland *gentlemanlike*, in Kroatien dagegen spricht man von der *bečka škola* – der Wiener Schule, die in solchem Verhalten zum Ausdruck komme. Dass im ukrainischen Czernowitz, im polnischen Krakau, im italienischen Triest und im rumänischen Cluj die alten Mietshäuser und die

Bahnhöfe, die Amtsgebäude und die Theater einander zum Verwechseln gleichen, ist inzwischen ein Gemeinplatz. Zagreb macht da keine Ausnahme. Sein Nationaltheater wurde von den Wiener Architekten Fellner und Helmer gebaut, genau wie 32 andere Theater in der Monarchie auch. Die Oberstadt rund um die Markuskirche oder die kaiserzeitlichen Anlagen vor dem Bahnhof, der Zrinski-Platz, geben die ideale Kulisse für die Verfilmung von Joseph-Roth-Romanen ab.

Was das Mitteleuropäische ausmacht, hat noch niemand schlüssig definiert. Manche halten es dem Rationalismus des Westens entgegen und loben sein »integratives Denken«, die Toleranz, das Geschichtsbewusstsein, die Gelassenheit, die gegenseitige Achtung der Kulturen. Andere schmähen seine Durchschnittlichkeit, seine Provinzialität und seinen Konservatismus. Die einen schätzen die Symbiose und gegenseitige Durchdringung von »Kulturräumen«, dem »slawischen«, dem »germanischen« und dem »romanischen«. Höchster Ausdruck des Mitteleuropäischen ist für sie die »Triestinität«, benannt nach der von vielen Slowenen, Kroaten und Serben bewohnten Hafenstadt, die im Übrigen auch die Heimat von Claudio Magris ist, dem bekanntesten Mitteleuropaideologen. Andere halten das alles für unpräzises, »typisch mitteleuropäisches« Geraune. Aber damit haben sie immerhin anerkannt, dass es das Mitteleuropäische wirklich gibt.

In Kroatien kann man von Mitteleuropa tatsächlich etwas sehen und spüren – besonders in Zagreb. Man achtet hier, anders als die formverachtenden Protestanten im Norden, auf Umgangsformen und Manieren, wobei ein angenehmer proletarischer Windstoß aus sozialistischer Zeit die Exzesse der k.u.k. Etikette, Titelsucht und Handküsserei, weitgehend weggeweht hat. Wer durch die Straßen von Zagreb geht und sich die Menschen anschaut, wird sie im Auftreten irgendwo zwischen Wien, Berlin und Prag einordnen. Jung und Alt kleidet sich *casual* – Jeans, Pulli, Turnschuhe. Frauen tragen selbstverständlich Hosen und häufig kurze Haare, was einem in Sarajewo, Belgrad oder Skopje schon auffallen würde. Junge (und auch nicht mehr junge) Männer tragen das Haar oft lang, wie in den siebziger Jahren des vergangenen Jahrhunderts. Was unter den Spaziergängern und Einkäufern allerdings weitgehend fehlt, ist das schrille, rebellische, herausfordernde Element. Man kleidet sich nicht zu auffällig und fällt auch sonst nicht aus der Rolle. So etwas wie Punks oder gar junge

So traut, so nett, so brav ist Zagrebs »Quartier Latin«: Die Tkalčićeva-Straße im Graben zwischen den beiden Hügeln der Stadt atmet den Charme, aber auch die Langeweile Mitteleuropas.

Mädchen mit Glatze muss man in der Millionenstadt lange suchen. In der Region ist die junge Szene von Zagreb bekannt dafür, dass sie sich gern fein macht und den Hard Rock verschmäht – im Unterschied etwa schon zu den Altersgenossen im eher mediterranen Rijeka. Man provoziert nicht. Das gilt auch in geschlossenen Räumen. Anders als in Berlin, eher so wie in Prag oder Budapest weicht man hier einer harten Schlussfolgerung gerne aus und wendet eine drohende Konfrontation ins Witzige, Unverbindliche. Das Auf-den-Punkt-Bringen ist keine Tugend; alles Gescheite kommt vielmehr widersprüchlich oder ironisch gebrochen daher. Wie in anderen mitteleuropäischen Ländern hat es auch in Kroatien die sachliche Publizistik schwer. Die Presse ist aufregend und vor allem aufgeregt, aber substanzlos, die Essayistik eher bescheiden. Dafür bringen die Kroaten, sogar mehr noch als andere mitteleuropäische Nationen, eine ungemein reiche Romanliteratur hervor. Man erzählt eben lieber, als dass man argumentieren würde – und man kann das auch viel besser. Was immer »das Mitteleuropäische« an Kroatien und besonders an Zagreb ist: Es reicht aus, dass jemand aus Österreich sich in Zagreb nicht fremd fühlt.

Mit dem Rücken zum Mittelmeer

Über das Mediterrane an Kroatien muss man anscheinend kein Wort verlieren. Für die Touristen sind Kroatien und Mittelmeer eh ein und dasselbe. Aber mediterrane Sitten, wie die berühmte *passeggiata*, bei der in Italien oder in Spanien die ganze Familie am frühen Abend im Sonntagsstaat über Plätze und Straßen flaniert und sich zeigt, sind schwächer verbreitet und weniger ritualisiert. Zwar kann man auch an der kroatischen Küste überall alte Herren auf Parkbänken sitzen und aufs Meer blicken sehen. Aber man wird kaum erleben, dass sie so angeregt debattieren oder gar mit Zeitungen herumfuchteln, wie es ihre Altersgenossen westlich der Adria tun. Für Touristen aus dem Norden mag es an beiden Ufern noch ähnlich zugehen. Italienern dagegen springt der Mentalitätsunterschied krass ins Auge. Der aus Split nach Italien emigrierte Enzo Bettiza schreibt den Dalmatinern eine »eingeborene Feindseligkeit gegen jede Form von Gefühlsäußerung« zu, die geradezu sprichwörtlich gewesen sei – eine sehr unitalienische Eigenschaft also. Die Südslawen, meint er, seien geradezu die »Antagonisten« der Italiener. Aber auch von den Dalmatinern, zu denen er Slawen und eingeborene Italiener gleichermaßen rechnet, erzählt Bettiza, sie seien »hart und aristokratisch, respektlos und geistreich, düster und größenwahnsinnig«, und sie reagierten auf jeden Fall allergisch auf »lyrische oder rhetorische Exzesse«.

Im Bewusstsein der Kroaten spielt das Meer eine überraschend geringe Rolle. Eine Freundin, die in den fünfziger Jahren in Konavle aufgewachsen ist, gleich bei der einstigen Seefahrerstadt Dubrovnik, erzählt, sie habe als Kind nicht einmal schwimmen können. »Mit dem Meer hatten wir nichts zu tun«, sagt sie. »Das war eine Wüste. Niemand ging dorthin.« Zu essen gab es Lamm- und Rindfleisch, Fisch oder gar Meeresfrüchte kamen kaum auf den Tisch. Das Meer gehörte den Italienern. Für das Boot benützen die Dalmatiner an der Adria das italienischstämmige Wort *barka*; das kroatische Wort *čamac* ist nur im Binnenland gebräuchlich. Die Kroaten (und besonders die Serben) an der Küste kamen auch ihrem Selbstbewusstsein nach im Grunde aus dem gebirgigen Hinterland. In der kroatischen Nationalhymne, die um die Mitte des 19. Jahrhunderts entstand, fanden die Flüsse Save und Donau Erwähnung, obwohl die letztere das heutige Staatsgebiet nur über knapp 200 Kilometer streift. Das Meer dagegen musste erst nachträglich hineinredigiert werden. Zwar ist Kroatien eine Art Mekka für Segelfreunde aus halb Europa. Selbst aber segeln die Kroaten nur in der Finn-Klasse ganz vorne mit. Von den dreizehn Weltranglisten, die der internationale Seglerverband veröffentlicht, findet sich überhaupt nur auf dreien ein Kroate unter den ersten zwanzig. Obwohl fast die ganze Küste der Monarchie kroatisch besiedelt war, waren von siebzehn Admirälen der k.u.k. Kriegsflotte nur zwei Kroaten, während die Volksgruppe unter den Generälen weit über ihrem Anteil vertreten war. Einer der beiden kroatischen k.u.k. Admiräle, der vorletzte Flottenkommandant Maksimilijan Njegovan, stammte auch noch aus dem meeresfernen Zagreb. Seinen Ruhm gewann er übrigens mit der Weigerung, Venedig zu beschießen.

Beelzebub Balkan

Mit der Behauptung schließlich, Kroatien sei – wenn auch nur unter anderem – ein Balkanland, kann man überall noch immer Ärger und umständliche Belehrungen provozieren. Aufmerksame Adepten des Geografie-Unterrichts erklären gern die Donau und die Save zur Nordgrenze des Balkan, was den Vorteil hat, dass man den größeren Teil Kroatiens dann nicht dazu zählen muss. Mit Hingabe wird immer wieder gestritten, wo die Grenze im Nordwesten verläuft: an der Una oder an der Kupa. Dabei kommt man dem Begriff mit Grenzziehungen prinzipiell nicht bei. Wer »Balkan« sagt, meint nämlich ohnehin keine geografisch fest umrissene Region. Schaut man auf die Landkarte Europas, braucht man schon eine Menge Phantasie, um neben der iberischen und der Apenninen- auch eine »Balkan-Halbinsel« zu entdecken. Wenn es den Balkan gibt, dann franst er nach Norden ähnlich stark aus wie Europa nach Osten.

Wer von Wien nach Süden fährt und Passanten nach dem Weg zum Balkan fragt, macht die Erfahrung: Der Balkan beginnt immer im nächsten Ort. Auf der Suche nach Menschen, die die Zugehörigkeit ihrer Heimat zu der imageschwachen Region ohne weiteres zugeben, muss man schon bis nach Bulgarien reisen. Balkan ist kein geografischer, sondern ein »geopolitischer« Begriff, wie die Balkanforscher sagen. Und ein sehr unpopulärer: Wer sich zu seiner balkanischen Heimat bekennt, zieht die bösesten Klischees auf sich. Neigung zu Kleinstaaterei und provinziellem Nationalismus ist dabei noch das harmloseste. Besonders seit den Kriegen der neunziger Jahre mit ihren Massenfluchtbewegungen gelten »Balkanesen« bei vielen im Westen Europas pauschal als gewalttätig und machohaft, korrupt und kriminell. Manche, die nur scheinbar genauer hinschauen, fokussieren ihr Balkan-Klischee auf eine der dortigen Nationen: auf die Serben zum Beispiel und noch häufiger auf die Kosovo-Albaner, die besonders stark unter Vorurteilen zu leiden haben. Die Klischees sind so böse, dass manche schon die Rede vom Balkan überhaupt für eine subtile Beleidigung halten. Die US-Forscherin Maria Todorova hat 1997 nachgewiesen, wie der Begriff vom Balkan von den Westeuropäern seit dem frühen 19. Jahrhundert nach und nach »konstruiert« wurde – in dem Bestreben, durch die Erniedrigung und Verteufelung der Menschen »da unten« sich selbst zu erhöhen.

In manchen Kreisen darf man das Wort Balkan heute nicht mehr in den Mund nehmen. Aber Wörter für unschicklich zu erklären hat noch nie viel gebracht. Das Problem liegt nicht im Wort, sondern im Begriff, und an dem Vorurteil ändert sich wenig, wenn man statt vom Balkan zum Beispiel von »Südosteuropa« spricht. Abgesehen davon gefällt vielen Kroaten auch das Wort Südosteuropa nicht, und sie wenden zu Recht ein, dass Zagreb westlich von Wien und nördlich von Mailand liegt. Sie hadern eben nicht mit dem Wort »Balkan«, sondern mit dem Begriff, der dahinter steht. Definitionen aus der Region selbst beziehen sich regelmäßig auf die Mentalität. »Ohne Mühegabe, ohne Spannung, ohne Ehrgeiz«, lautet eine, an der man unschwer das Gegenbild zu einem als Vorbild empfunden Westen erkennen kann. Immer wieder stößt man auf das Wort *javašluk*, das aus dem Türkischen kommt und etwa Faulheit, Lässig-, aber auch Nachlässigkeit, Unordnung, Verantwortungslosigkeit bedeutet. Dahinter steht die Vorstellung: Wir leben ohnehin in chaotischen, unvorhersehbaren Verhältnissen. Wozu also planen? Gern nimmt man Aussprüche als Inbegriff des Balkanischen: *nema problema*, ist kein Problem, macht nichts, oder *lako ćemo*: Das kriegen wir leicht hin.

Leben ohne höhere Autorität

Damir neigt gelegentlich dazu, Unsinn von sich zu geben und dann – auch ohne Einfluss von Alkohol – auch noch trotzig darauf zu beharren. Das ist natürlich noch nichts spezifisch Balkanisches, und mir fallen sofort einige ganz ähnliche Beispiele aus Berlin, Graz und Nimwegen ein. In der Regel wird man mit solchen Situationen leicht fertig. Behauptet jemand steif und fest, eins und eins sei drei, nehme ich einfach ein Rechenbuch der ersten Klasse zur Hand und belege ihm schwarz auf weiß, dass er im Unrecht ist. Mit anderen Worten: Ich rufe eine allgemein anerkannte Autorität zu Hilfe – in diesem Fall ein Rechenbuch und sonst vielleicht ein Lexikon, das Verwaltungsgericht oder zur Not die bekannten Regeln der Vernunft. Aber bei Damir funktioniert das alles nicht. Auf dem Balkan nämlich gibt es keine allgemein anerkannte Autorität. Deren Fehlen hat sehr weit reichende Konsequenzen – und es erklärt das meiste von dem, was Westeuropäern in der Region fremd vorkommt.

Wenn es keine höhere Autorität gibt, hat jeder gleich viel recht. Wie eine Kontroverse ausgeht, hat dann folgerichtig mit der Sache, um die es geht, nichts zu tun. Im Streit darum, ob eins und eins zwei ist oder drei, würden Damir und ich uns am Ende wahrscheinlich auf einen Kompromiss einigen: Eins und eins ist 2,5. Das ist mathematisch zwar noch absurder als die Behauptung, eins und eins sei drei. Aber es drückt präzise die gleichberechtigte Beziehung zwischen uns beiden aus. Mit Damir geht es mir wie vielen Westeuropäern, die auf dem Balkan Geschäfte machen und immer wieder fassungslos Partnern gegenüberstehen, die selbst die triftigsten Argumente und die unwiderlegbarsten Zahlen in Zweifel ziehen. Behaupten kann man alles; berechtigter Widerspruch bleibt folgenlos. Das Entsetzen, das einen deutschen, britischen oder niederländischen Geschäftsmann in solchen Situationen erfasst, kennt man von zu Hause: Wenn man sich mit dem Partner streitet, wünscht man sich auch immer, jetzt käme ein neutraler Schiedsrichter, der einem natürlich sofort Recht geben würde. Der kommt aber nie. Dass es keinen Richter gibt, ist das Dilemma der gleichberechtigten Zweierbeziehung. Und es ist die Grunderfahrung jedes Menschen, der auf dem Balkan groß geworden ist.

Westler wundern sich häufig über die Großzügigkeit und Nonchalance, die ihre balkanischen Partner bei Vertragsverhandlungen an den Tag legen. Aber wer vom Balkan kommt, weiß eben: Wenn es hart auf hart kommt, ist der Vertrag eh nur ein wertloses Stück Papier. Ein Handelsgericht gibt es nicht, und wenn doch, dann entscheidet es erst nach vielen Jahren und nach undurchschaubaren Kriterien. Die Partner müssen immer alles unter sich ausmachen und jeden Streit ohne Hilfe von außen beilegen. Daraus folgt: Es geht immer nur um die Beziehung zwischen zwei Partnern, an ihr hängt alles. Entsprechend hoch entwickelt sind die Netzwerke, die Techniken der Macht, die Kunst des Umgangs miteinander – und entsprechend schwach ist die Rechtskultur. In allen südosteuropäischen Beitrittsländern, auch in Kroatien, hakt es nach den Fortschrittsberichten der EU am meisten auf dem Justizsektor.

Man spürt die dauernde Abwesenheit allgemein anerkannter Instanzen nicht nur, wenn man Geschäfte machen will. Sie erstreckt sich auch auf den Umgang mit Fakten. Hier hat jeder seine eigene Wahrheit. Er setzt sie aber nicht absolut, wie man es im Westen gern tut, sondern behandelt sie als Verhandlungsangebot. Sagt ein albanischer Politiker in Mazedonien, in der Stadt Tetovo lebten »99 Prozent Albaner«, so tut er das im Bewusstsein, dass ein mazedonischer Widerpart deren Anteil auf 20 Prozent herunterrechnen würde. Einigen würde man sich dann auf eine Zahl irgendwo dazwischen. Natürlich würde der Politiker nicht bestreiten, dass es auch eine objektiv richtige Zahl gibt. Aber da niemand sie je feststellen würde, ist die Größe für ihn ganz irrelevant. Alles ist verhandelbar, und die Verhandlungen hören nie auf. Es gibt im ewigen Kontinuum der Diskussion keine endgültigen Durchbrüche, aber auch so gut wie nie einen Abbruch der Beziehungen – es geht einfach immer weiter. Das ist zugleich das Geheimnis der Zähigkeit in der balkanischen Politik, die von Ausländern so heftig beklagt wird.

Geht nicht gibt's nicht

Man kann das auch positiv erleben. Äußert man einen Wunsch, so stößt man auf dem Balkan so gut wie nie auf ein unwiderrufliches Nein. Jeder Anspruch, den man formuliert, ist eine Einladung zu Verhandlungen. Wenn ich an einer Grenze aufgehalten werde, weil mir ein Dokument fehlt, bleibe ich einfach dort stehen. Ich weiß: Irgendwann kommt grünes Licht. Wann, hängt davon ab, wie ich mich verhalte und natürlich auch davon, wie wichtig das Dokument ist. Aber zuvörderst geht es um die Beziehung zwischen mir und dem Postenkommandanten. Wenn ich erst begriffen habe, dass er der Mächtigere von uns beiden ist, bringt es ihm nichts mehr, mich noch weiter warten zu lassen. Im Gegenteil: Ließe er mich hängen, würde er mich glauben machen, dass er gar nicht die Macht hätte, mich durchzulassen, und er würde sich so als willenloses Instrument eines anonymen Vorgesetzten zu erkennen geben – ein Verdacht, den auf dem Balkan sicher niemand auf sich sitzen lassen wird. Für mich als Journalisten hat dieses balkanische Grundgesetz vorwiegend angenehme Folgen: Geht nicht gibt's nicht.

Dass jeder das Recht auf seine eigene Wahrheit hat, gilt auch im Alltag. Fehler zuzugeben ist auf dem Balkan deshalb auch kein Zeichen von Souveränität, sondern einfach dumm – der Widersacher würde einfach nachstoßen. Sagt man zu seinem Gegenüber: »Das stimmt aber, glaube ich, nicht, was du da sagst!«, so geht das in Westeuropa als normaler Einwand durch, der objektiver Überprüfung bedarf. Auf dem Balkan ist der für westliche Ohren harmlose Satz jedoch eine Kriegserklärung. Er bedeutet: »Ich lasse dich nicht gelten! Du bist für mich kein Verhandlungspartner!« Wo beide Streitenden sich keiner gemeinsamen Autorität unterworfen fühlen, klingt es wie eine versuchte Vernichtung, wenn man die Behauptung eines anderen einfach abstreitet. Im Kosovo zum Beispiel gilt das Lügen nicht per se als unmoralisch. Eine schwere Übertretung ist aber, einem anderen zu sagen: »Du lügst!« Natürlich sagen auch Westeuropäer selten einem anderen, dass er lügt. Aber sie sagen zum Beispiel: »Das stimmt aber nicht, was du da sagst.« Auf dem Balkan ist beides das gleiche. Für »falsch« und »erlogen« benützen auch die Kroaten dasselbe Wort. Wer dem dauernden Zerwürfnis ausweichen will, muss nachgeben, und sei es gegen alle Regeln der Vernunft.

Man mag den Blick des Balkans auf die Wahrheit für merkwürdig halten. Unter den gegebenen Verhältnissen ist er aber ganz und gar vernünftig, und auch ein Westeuropäer, der hier lebt, tut gut daran, sich diesen Blick anzueignen. Wer ohne Aussicht auf autoritative Klärung auf seiner Wahrheit beharrt, endet nur im Streit auf Leben und Tod. Und das ist es meistens nicht wert.

Dass die Menschen auf dem Balkan anders miteinander umgehen als die Menschen in Westeuropa, hat seinen triftigen historischen Grund. Bis ins 20. Jahrhundert hinein zogen viele in den unfruchtbaren Gebirgsgegenden Bosniens, der Herzegowina, Mazedoniens oder auch des inneren Dalmatiens noch mit ihren Herden umher. Dabei begegneten sie immer wieder regelrechten *aliens*, Menschen, die eine ganz andere Sprache sprachen, eine andere Religion und andere Bräuche pflegten. Im Umgang mit ihnen gab es keine Selbstverständlichkeiten. Geriet man mit den Fremden in Konflikt, nützte es einem auch nichts, wenn man sich auf ein Gesetzbuch, die Bibel oder den Koran berief. Wollte man klar kommen, musste man den anderen so nehmen, wie er war. Dieses Prinzip prägte auch noch den Alltag im Vielvölkerstaat Jugoslawien. Es machte keinen Sinn, wenn ein Slowene einen Albaner von scheinbar »offensichtlichen Tatsachen« überzeugen wollte – und umgekehrt. Die allgemeine Lehre, die für alle verbindlich war, gab es einfach nicht. Man musste den anderen vorurteilsfrei ernst nehmen.

Die so entstandene »Balkanmentalität« ist von dem Zerrbild, das viele sich von ihr machen, weit entfernt. Sie hat gewiss ihre problematischen Aspekte; aber das gilt für andere Lebensarten nicht minder. In jedem Fall hat sie auch ihre sympathischen Seiten. Man begegnet einander auf dem Balkan zum Beispiel mit einem zwischenmenschlichen Respekt, den man in reicheren und angeblich höher entwickelten Ländern oft vermisst. Man zeigt hier weniger Verachtung, weniger Herablassung und hat – ganz gegen das Klischee – auch weniger Vorurteile. Ich selbst bin als freier Journalist auf den Balkan gekommen. Dass meine Visitenkarte kein klingender Name eines Weltblatts zierte, habe ich nie als Nachteil empfunden. Wie ich behandelt wurde, hing immer ganz von meinem Auftreten ab. Kollegen etwa in Washington, London oder Paris machen da ganz andere Erfahrungen. Vertreter großer multinationaler Unternehmen erleben denselben Umstand übrigens manchmal als unangenehme Überraschung: Der große Firmenname flößt weder in Serbien oder Bosnien noch in Kroatien jemandem besondere Ehrfurcht ein. Jeder kleine Zulieferer, jeder Dorfbürgermeister fühlt sich ihnen ebenbürtig, und wenn es überhaupt einen Respektabstand gibt, dann gilt er dem Alter und dem Gebaren, nicht der Funktion oder dem Titel. Das heißt: Man erniedrigt sich nicht. Ausländische Touristen mokieren sich manchmal über das betont würdevolle, gravitätisch-langsame, ja aristokratische Auftreten des Servicepersonals im Restaurant oder im Hotel. Niemand rennt, niemand dienert. Manche deuten das als Arroganz. Mir gefällt es jedenfalls besser als die wieselnde, trinkgeldheischende Servilität, mit der man in manchen anderen Urlaubsländern konfrontiert ist.

Wo es keine Selbstverständlichkeiten gibt, da gibt es auch keinen Konformismus und kein Spießertum. Auch das würde ich unter die angenehmen Seiten des Balkanischen rechnen – und nehme dabei in Kauf, dass wohl kaum ein Ort in der Region beim Wettbewerb um das »schönste Blumendorf Europas« eine Chance hätte.

Hauptsache, man fühlt sich wohl: die Gastfreundschaft

Viel gepriesen wird die Gastfreundschaft auf dem Balkan. Sie hat es verdient. In manchen Reisebeschreibungen kann man lesen, Gastgeber würden ihren Gästen das letzte Hemd opfern oder sich sogar für sie totschießen lassen. Das klingt bedrückend, aber gerade bedrückend ist die Gastfreundschaft auf dem Balkan überhaupt nicht. Der Gast soll sich gut fühlen – und dieses oberste Gebot verbietet auch übertriebenen Opfermut. Denn mit aufdringlicher Dienerei könnte man seinen Gast ja beschämen. Niemand fragt, wie lange einer bleibt, und man kann die Frage auch nie an einem stummen Gesicht ablesen. Man setzt sich einfach an den Tisch. Irgendwie ist das Glas immer voll, von irgendwoher kommt eine Kleinigkeit zu essen. »Zufällig« ist gerade das Bett frisch bezogen – auch in Kroatien. Im Kosovo zieht man (wie in allen muslimischen Ländern) vor Betreten eines Hauses oder einer Wohnung die Schuhe aus. Auf dem Lande ist es Sitte, dass die Frauen und Mädchen den Gästen, während diese im Salon mit dem Hausherrn plaudern, die vor der Tür abgestellten Schuhe putzen. Sie putzen dann immer alle Schuhe, auch die eigenen, damit es so aussieht, als hätten sie die der Gäste nur so en passant mitgeputzt. Die sensible, geradezu raffinierte Gastfreundschaft macht viel Arbeit, besonders den Frauen. Aber sie macht den Gastgebern und Gastgeberinnen auch Spaß, und das ist wahrscheinlich ihr Geheimnis. Freundliche Neugier, Offenheit, ehrliches Interesse und materielle Großzügigkeit sind es, die ihren Charme ausmachen. Auf dem Balkan hat man wirklich gerne Gäste.

Übrigens wird der Zauber balkanischer Gastfreundschaft auch in Kroatien, wo Balkan sonst eher ein Schimpfwort ist, neidlos anerkannt. Man selbst sei darin nicht so gut. Wer aber aus dem Norden und Westen des Kontinents kommt, wird schon in Kroatien von der Selbstverständlichkeit, mit der man jeden Fremden aufnimmt, angenehm berührt sein. Kein noch so sachlicher Bürotermin verstreicht ohne einen Smalltalk und ohne dass man wenigstens Kaffee oder Saft angeboten bekäme. Auf dem Land kommt dazu ein *Loza*, ein Tresterschnaps, oder der aus Kräutern gebrannte *Travarica*. Und niemand ist beleidigt, wenn man ablehnt.

Die balkanische – und kroatische – Großzügigkeit erstreckt sich durchaus auch auf das Finanzielle. Dass es im Grunde bei allen Streitfragen immer um Geld geht, ist ein sehr westlicher Gedanke, der bei Kroaten, Serben, Albanern und Muslimen auf einträchtiges Unverständnis stößt. Im kleinsten und armseligsten Lädchen winkt die Kassiererin großzügig ab, wenn man in den Hosentaschen kramt, um noch eine Kuna, 20 Cent oder 20 Dinar zu finden. Aus ihrer Gleichgültigkeit in Gelddingen ziehen viele auf dem Balkan ein Gefühl von moralischer Überlegenheit: Sie gilt als Zeichen, dass hier noch echte zwischenmenschliche Werte zählen. »Wir werden uns schon einigen«, kann man oft hören, wenn man über einen Preis verhandeln will. Gemeint ist: Wenn wir erst einmal entschlossen sind, miteinander ins Geschäft zu kommen, wird eh eine dauerhafte Beziehung daraus, bei der man sowieso nie weiß, was wer von wem einmal wollen wird. Im Westen will man immer »einander nichts schuldig bleiben«. Auf dem Balkan weiß man, dass gerade das Schuldigbleiben das Qualitätszeichen für eine Beziehung ist. Nichts ist Kroaten an Deutschen fremder, als wenn sie sich nach dem Abendessen vom Kellner genau auseinanderrechnen lassen, wer welchen Salat und wer einen Kaffee gehabt hat. »Ich bin der Gastgeber!« ruft immer jemand, wenn es im Lokal ans Zahlen geht, oder es heißt sogar: »Ja, sind wir denn Deutsche, dass wir hier getrennte Rechnungen machen?« Auch das »Shoppen«, also das Einkaufen um des Einkaufens willen, galt bis vor kurzem bei meinen kroatischen Freunden als sehr exotische Sitte. Man fuhr manchmal Hunderte Kilometer, um ein bestimmtes Teil zu kriegen, aber nie wäre man durch Einkaufsstraßen gelustwandelt. Das beginnt sich allerdings langsam zu ändern. Zagreb hat seine ersten Shopping-Malls, und die Menschen, die dort flanieren, sind sicher keine Ausländer.

Die kroatische Balkanallergie

Wer Eigenheiten in Kroatien als »balkanisch« kritisiert oder nur lobt, stellt die Freundlichkeit seiner Gastgeber auf eine harte Probe. Ungeachtet des Bekenntnisses an höherer Stelle möchte man in Kroatien nämlich auf keinen Fall zum Balkan gerechnet werden – und da, wo die Qualifizierung trifft, reagiert man verständlicherweise besonders empfindlich. Franjo Tudjman hatte noch als Präsident festgestellt, Kroatien sei »ein mitteleuropäisches und ein Mittelmeerland«. Selbst Ivica Račan fügte seinem versöhnlichen Balkan-Spruch die Bemerkung bei, dass das moderne Kroatien die »balkanischen Elemente« nun alsbald ablegen wolle. Hinter dieser Abwehr verbirgt sich natürlich auch der kulturelle Dünkel, den Westeuropa der Region entgegenbringt und den Kroatien gegen seine südöstlichen Nachbarn wendet. Im Vordergrund stehen aber sehr konkrete politische Beweggründe. Im Bewusstsein der meisten seiner Bürger hat sich Kroatien im »Vaterländischen Krieg« der Jahre 1991 bis 1995 vom ewigen Schlamassel Jugoslawiens ein für alle Mal freigemacht. Die folgenden Ereignisse, meinen die meisten Kroaten, haben ihnen recht gegeben: Während in Bosnien der Volksgruppenstreit mit zivilen Mitteln weitergeführt wird, während Serbien sich von der Nato bombardieren lassen musste, während in Belgrad der Premierminister von der Polit-Mafia ermordet wurde, hält Kroatien – nach einigen Irritationen in der Tudjman-Ära – konsequent Kurs auf Europa.

Wer das Land jetzt noch zum Balkan rechnet, meint man in Zagreb, der will es zurückstoßen in den Sumpf, aus dem es sich gerade befreit hat. Die Befürchtung ist unbegründet, aber nicht völlig abwegig. Tatsächlich hatte unter europäischen Politikern eine Zeitlang die Idee einer »Balkan-EU« Konjunktur: Die Länder des früheren Jugoslawien plus Albanien, aber minus Slowenien sollten erst einmal untereinander ihre Streitigkeiten beilegen, ihre Zoll- und sonstigen Grenzen abbauen und ihre Volkswirtschaften stärker miteinander verknüpfen, um sich dann irgendwann gemeinsam in die große Europäische Union aufnehmen zu lassen. Dahinter stand ein vernünftiger Gedanke. Nimmt man einige der vor kurzem noch kriegführenden Länder auf, andere aber nicht, so verschärft man die mühsam zugedeckten Spannungen in der Region wieder. Besonders in Bosnien: Wenn Kroatien

EU-Mitglied wird und Serbien ins wirtschaftliche und politische Elend rutscht, bricht das multinationale Land im Spannungsfeld zwischen Belgrad und Zagreb endgültig auseinander. In Kroatien kam die gut gemeinte Idee von der »Balkan-EU« aber ganz anders an. Man fühlte sich in einen Konvoi mit Serbien und Bosnien gezwungen, was bedeuten würde, dass man nicht schneller nach Europa käme als das langsamste Zugtier im Tross. Warum hatte man sich aus Jugoslawien verabschiedet, wenn das Tempo der europäischen Integration jetzt doch wieder von den Chaoten in Belgrad bestimmt würde? Kroatische Publizisten warnten vor dem »Weg nach Balkanien« und einem »vierten Jugoslawien«, und die Zagreber Regierung protestierte, als die EU auf einem ihrer Gipfel eine Strategie für den »Westbalkan« entwarf.

Die kroatische Empörung über die »Balkan-EU« hat also einen Grund, führt aber in eine Falle. Denn wer sich demonstrativ absetzen will, ignoriert einen fatalen Grundsatz im Verhältnis des Landes zur Region, in der es liegt: Immer dann, wenn Kroatien sich vom Balkan distanzieren will, versinkt es erst recht in dessen schlimmsten Untugenden. Die Ära Tudjman hat für diesen paradoxen Zusammenhang viele Beispiele geliefert. Der Präsident wurde nicht müde, Besuchern Vorträge über die »kulturelle Wasserscheide« zu halten, die zwischen Kroatien und Serbien verlaufe und die den »katholisch-abendländischen« vom orientalischen, orthodoxen und muslimischen »Kulturkreis« klar und deutlich trenne. Gleichzeitig aber führte Tudjman ein undurchsichtiges, autoritäres Regime aus Intrigen und konkurrierenden Machtebenen, gerade so wie man es als »byzantinisch« kennt. Der Präsident legte sich eine Leibgarde mit bunten Phantasie-Uniformen zu, und er vertrat und förderte Theorien über die ethnische Herkunft der Kroaten, die gerade so abenteuerlich daherkamen wie manche skurrilen nationalen Rechtfertigungslehren von Albanern, Bulgaren und Mazedoniern. Das alles geschah im Dienste der endgültigen Distanzierung Kroatiens vom Balkan. Und vor allem führte Tudjman Kroatien im Nachbarland Bosnien selbst hinein in einen Krieg, der sein Land wohl noch auf lange Zeit an die Konflikte der Region binden wird. Der Versuch, sich vom Balkan zu befreien, führte zum Gegenteil.

Wer die ideologische Vorgeschichte des kroatischen Antibalkanismus verfolgt, landet in der Tat auf dem Balkan: in der Herzegowina, einem kargen, gebirgigen Landstrich im Hinterland der Adria-Küste, wo die Werte der wehrhaften Viehzüchter noch gelten und wo vierhundert Jahre lang osmanische Begs und Paschas ihre Steuern eintrieben. Nirgendwo fühlen sich Kroaten in ihrer Identität so sehr bedroht, und nirgendwo setzen sie sich deshalb so wild und entschlossen von allen anderen ab. Die gleiche Mischung aus patriarchalischem Geist, Unterdrückungsgeschichte und ethnischer Konkurrenz hat übrigens auf serbischer Seite, jenseits des Flusses Neretva, eine ganz ähnliche Szene hervorgebracht. Leben in der vorwiegend kroatischen West-Herzegowina die ärgsten »Ustascha«, so trifft man in der serbisch besiedelten Ost-Herzegowina die radikalsten »Tschetniks«. Ausgerechnet bei den Herzegowinern, den unstreitig balkanischsten Kroaten, hat die These vom prinzipiellen Unterschied zwischen Kroatien und dem Balkan die radikalsten Fürsprecher.

Mythen treiben Blüten

Dass es die »Mentalität« sei, die eine Nation ausmacht, gilt modernen Nationsforschern als überholt. Nationale Eigenschaften taugen allenfalls für Witze und billige Fremdstereotype. Stattdessen bietet die Wissenschaft die zirkelschlüssige Erklärung, dass es das gemeinsame Nationalgefühl oder »der Nationalismus« sei, der eben die Nation ausmache. Der amerikanische Historiker George Brock hat den schönen, etwas sarkastischen Ausspruch geprägt, eine Nation werde »durch den gemeinsamen Irrtum über ihre Geschichte und die Abneigung gegen ihre Nachbarn« zusammengehalten. Vielleicht muss es nicht immer die Abneigung sein. Die Abgrenzung aber ist es auf alle Fälle.

An »gemeinsamem Irrtum über die Geschichte« herrscht in Kroatien kein Mangel. Der Ethnoanalytiker Pinterović hat volle zehn »kroatische Mythen« ausgemacht. Darunter finden sich klassische Autostereotype wie das von der »slawischen Harmlosigkeit und der kroatischen Friedensliebe« (das Kroatien mit vielen kleinen Nationen gemein hat, auch wenn sie nicht slawisch sind) und das von der »Treue«, früher auch unter den Deutschen verbreitet und wie gemacht für Untertanen, die an ihrer mangelnden Selbstbestimmung gern auch einmal etwas Positives finden würden. Andere beziehen sich auf das Alter der Nation, das nicht nur in Kroatien grotesk überschätzt wird: Unter Kroaten ist die

Rede von einer »tausendjährigen Kultur«, einer langen rechtsstaatlichen Tradition und von einem kroatischen Nationalbewusstsein schon im 17. Jahrhundert, als die kroatischen Adelshäuser Zrinski und Frankopan gegen den Kaiser in Wien intrigierten. Unter den konkreteren historischen Mythen ragt der von der »Vormauer der Christenheit« heraus, wonach die Kroaten immer wieder für das ganze Abendland die Kartoffeln aus dem Feuer holen mussten.

Andere Mythen wiederum beziehen sich direkt auf die geschätzte Nachbarschaft. So kann man von den Predigern der Nationalgeschichte zum Beispiel hören, die »treuen« Kroaten seien nach einander von allen ihren Nachbarnationen »verraten« worden. Entstanden ist der Verratskomplex wahrscheinlich nach 1848, als die Kroaten sich unter ihrem Josip Jelačić mit der Niederschlagung der Revolution bei allen Linken und Liberalen Europas unbeliebt gemacht hatten, dann aber vom Kaiser in Wien nicht dafür belohnt wurden. Nach den Österreichern (oder den Deutschen, wie man damals sagte) folgten als nächste »Verräter« die Italiener: Gemeinsam mit ihnen hatten sich die Kroaten in der Zeit der Donaumonarchie für nationale Autonomie eingesetzt. Jetzt aber, nach dem Ersten Weltkrieg, wollten die Italiener von Kroatien ganz Dalmatien haben. Verräter Nummer drei wurden die Serben: Mit ihnen wollte man einen brüderlichen, föderalen Staat der Südslawen schaffen, nur um wenig später in einer serbischen Königsdiktatur aufzuwachen. Um die Vierzahl voll zu machen, projizierten die Geschichtspriester das Motiv vom Verrat dann noch zurück ins Mittelalter: Im Jahre 1102 sollten die ungarischen Könige bloß die kroatische Krone bekommen, die mittelalterliche Adelsnation der Kroaten sollte aber in allen ihren Rechten bestehen bleiben. Über 800 Jahre stritt der kroatische Adel von da an mit den ungarischen Königen darum, welche Rechte der »Vertrag« von damals ihnen garantierte. Dem Volke war das, nach allem, was man von ihm weiß, eher gleichgültig.

Kalte Könner aus dem Norden: die Deutschen

Nachbarn taugen gut zur Abgrenzung. Referenzen für das kroatische Nationalgefühl sind in diesem Sinne die Italiener, die Ungarn, die Slowenen und auch die Deutschen und die Österreicher, die zwar beide keine geografischen, wohl aber gefühlte Nachbarn der Kroaten sind. Das Verhältnis zu den Deutschen gilt dabei zu Unrecht als besonders herzlich. Die Legende geht auf das Jahr 1991 zurück, als Deutschland sich einige Monate lang als einziges EU-Land für die völkerrechtliche Anerkennung Kroatiens einsetzte. Gepflegt wurde sie besonders in Serbien, wo es Mode wurde »Genscher und den Vatikan« für den Zerfall Jugoslawiens verantwortlich zu machen. Umgekehrt konzentrierte sich die kroatische Diplomatie damals ganz auf die »zweite Front« in Bonn und setzte auf eine große Charmeoffensive. Sie stieß auf eine gut vorbereitete deutsche Öffentlichkeit: Kurz nach der Wiedervereinigung durfte man zum ersten Mal nach langer Zeit erleben, dass einem die Herzen einer – wenn auch kleinen und ganz und gar unbekannten – Nation zuflogen. Nach der Anerkennung dann sang ein Schlagersternchen im kroatischen Fernsehen auf Deutsch ein eigens komponiertes Lied, das schon bald nur noch als peinlicher Kitsch glossiert wurde: »Danke Deutschland, meine Seele brennt! / Danke Deutschland, für das liebe Geschenk. / Danke Deutschland, vielen Dank, / Wir sind jetzt nicht allein, / Und die Hoffnung kommt in das zerstörte Heim.« Ein Frühjahr lang war es Mode, gelbe Pullunder zu tragen, das Markenzeichen des damaligen deutschen Außenministers Hans-Dietrich Genscher, nach dem ein Café an der Hafenpromenade von Split und einige Straßen benannt wurden und dem zu Ehren das Städtchen Selce auf der Insel Brač eine hässliche Bronzebüste anfertigen ließ. Helmut Kohl brachte es in Split zum Ehrenbürger.

Der deutsch-kroatische Honeymoon dauerte allerdings nicht lange. Als Zagreb sich im Jahr darauf in den bosnischen Krieg einmischte und im Land selbst von den versprochenen demokratischen Fortschritten nichts zu spüren war, verschloss man in Bonn noch eine Weile die Augen. Dann aber begann der neue Außenminister Klaus Kinkel auf Druck der westlichen Verbündeten, das deutsche Sonderverhältnis zu Kroatien auszunützen und Druck auf Zagreb auszuüben. Prompt war es mit der Völkerfreundschaft auch schon wieder vorbei. Kroatiens EU-Botschafter beschwerte sich, dass man seine Anliegen in Brüssel am allerwenigsten über die Deutschen anbringen könne. Dass der kranke Tudjman kurz vor seinem Tode die kroatische Telekom-Gesellschaft gegen alle Ausschreibungsregeln an die Deutschen verkaufte, konnte das Verhältnis auch nicht wieder beleben. Eine

Ausnahme bildet Bayern, das gegenüber Kroatien stets eine Art Nebenaußenpolitik betrieben hat. Seit den Tagen Max Streibls, der sich als erster Ministerpräsident für kroatische Belange einsetzte, unterhält die Münchner Staatskanzlei ausgezeichnete Beziehungen nach Zagreb.

Wer aus dem früheren Jugoslawien kommt und nicht schon einmal in Deutschland war, hat sein Bild von den dort lebenden Deutschen vor allem aus zwei Quellen: dem Studium von Adria-Touristen und den beliebten Partisanenfilmen. Die widerstreitenden Assoziationen der Exjugoslawen gegenüber den Deutschen, die sich aus diesen Quellen speisen, hat der Jugo-Nostalgiker Dejan Novačić in einem Eintrag für das »Lexikon der YU-Mythologie« satirisch so auf den Punkt gebracht:

»Deutsche: 1.) Volk indoeuropäischer Herkunft. 2.) Blutrünstige Wesen in gut erkennbaren Uniformen, die alle Formen des Lebens, die ihnen begegnen, vernichten, mit besonderem Vergnügen allerdings verwundete Partisanen. Der Lebenszyklus des D. umfasst mehrere widersprüchliche Phasen. In der ersten Phase vermehren sich die D. durch einfache Zellteilung, schweifen nach allen Seiten aus und sind sehr aggressiv. In der zweiten Phase jedoch und nach Verabreichung einer Dosis Bata Živojinović (ein bekannter Darsteller in Partisanenfilmen, N.M.-N.) kommt es zu ihrem massenhaften Verenden, zu panikartiger Flucht und feigem Aufgeben. Die deutsche Sprache, die in der ersten Phase ausschließlich aus Imperativen besteht (›Hände hoch!‹ ›Schnell!‹ ›Los!‹), degeneriert in der zweiten Phase zu tonlosen Ausrufen der Überraschung und des Schmerzes. 3.) Eine der beiden Mannschaften in dem Kinderspiel »Partisanen und Deutsche«, der Regel nach bestehend aus intellektuell oder physisch schwächeren Kindern der Straße. 4.) Eigentümer des Zahlungsmittels der BRD. Am liebsten gesehene geschätzte Gäste in der Sozialistischen Bundesrepublik Jugoslawien. Die Liebe der lokalen Bevölkerung äußert sich in der Parole ›Zimmer frei‹, die als Zeichen des Willkommens in jedem Haus zwischen dem Hafen Koper und dem Ohridsee ausgehängt wird.«

Im Alltag hegen die Kroaten gegenüber den Deutschen kaum andere Empfindungen als sonstige Exjugoslawen: Man empfindet Bewunderung für ihre Konsequenz und ihren Arbeitseifer, findet beides aber gleichzeitig etwas peinlich. Sie gelten als zu direkt, zu vergrübelt, als zu sehr hinter dem Geld her. Der Spitzname der

Deutschen lautet *Švabo*, nach den Donauschwaben, die zwei bis drei Jahrhunderte lang mit den Kroaten in Slawonien lebten und nach 1945 zum größten Teil vertrieben wurden. Spricht einer von den *Švabe*, geht das meistens mit einem maliziösen Grinsen einher. In Erinnerung geblieben sind die Schwaben den Kroaten als manische Arbeitstiere, die zwei Mal im Jahr ihre Häuschen tünchten und sich nie zum Klönen auf das Bänkchen vor der Hofmauer setzten. Was Slawonien nach ihrem Exodus für eine Ruinenlandschaft war, kann man heute in Krndija besichtigen, einem Kolonistendorf aus lauter Planquadraten. Dort wurden die deutschen Häuser nach dem Krieg geschleift, mit dem Ergebnis, dass auf dem platten Grundriss alle paar hundert Meter unvermittelt ein, zwei Häuser in der Landschaft stehen. Mitten in die Tundra haben die vertriebenen Deutschen in den neunziger Jahren eine Gedenkkirche gestellt, die niemand betritt und die schon verfiel, bevor sie fertig gebaut war. In der Großstadt Osijek, wo man auch nach dem Krieg noch »Essekerisch« reden hören konnte, einen deutschen Dialekt, erlebt das deutsche Erbe eine nostalgische Renaissance. Es gibt einen deutschen Verein mit prominentem Sitz am Hauptplatz, die neueste Shopping Mall heißt *Esseker*, und kroatische Germanisten haben ein gründlich redigiertes Wörterbuch des fast ausgestorbenen Dialekts herausgegeben.

Deutschland ist das große, kalte Land im Norden, das besser zum Arbeiten als zum Leben geeignet ist. Deutsch lernt man, um Geschäfte zu machen; bei der Zagreber Schuljugend gilt die Sprache im Vergleich zu Englisch und Italienisch als uncool. Besondere Fremdheit gegenüber Deutschland und den Deutschen empfinden die Kroaten im Allgemeinen nicht. Viele verstehen wenigstens ein bisschen die Sprache, waren schon dort, haben Verwandte dort und kennen Deutsche persönlich. An der Küste waren die Deutschen immer als besonders zahlungskräftige Touristen beliebt. Der Vorzug hat sich allerdings ein wenig überlebt. Nach dem Krieg machten die Kroaten die überraschende Erfahrung, dass es auch Deutsche mit wenig Geld gibt. Außer »Zimmer frei« steht heute überall auch das italienische »Camere« und oft auch das ungarische »Szoba«. Über die zahlungskräftigen Russen dringt sogar die geächtete, weil als serbisch empfundene zyrillische Schrift wieder in die Urlaubsprospekte.

Schwaben light: die Österreicher

Österreicher werden in Kroatien nicht als so verschieden von den Deutschen wahrgenommen, wie sie selbst es gerne hätten. Der unfreundliche Sammelbegriff *Švabe* trifft auch die Österreicher, und als »kühl« gelten auch sie. Getreu dem osteuropäischen Nationsverständnis kann man hinter vorgehaltener Hand oft hören, die Österreicher seien ja »eigentlich« Deutsche. Auch mit der k.u.k. Nostalgie ist es in Kroatien nicht weit her. Die größten Schriftsteller, allen voran der Erzähler Miroslav Krleža, haben ihre Feder in der Polemik gegen die österreichische Imperialmacht geschliffen. »Ungezählte Male haben wir gehört, Österreich sei das Paradies auf Erden«, ätzte 1912 der kroatische Schriftsteller Tin Ujević, »wie glücklich es ist und dass Gottes ganze Welt seinetwegen glücklich sei; ungezählte Male haben wir von klugen Köpfen gehört, man müsse Österreich erfinden, wenn es nicht schon existierte.« Dabei sei der Staat Österreich von Natur aus absolutistisch und sein Parlamentarismus »verlogen«, urteilte Ujević. Am austrophilsten waren noch die inzwischen vertriebenen Serben aus dem Gebiet der Militärgrenze, denen es unter dem Kaiser gut gegangen war. Der Habsburg-Kult im Seebad Opatija, wo es jetzt eine Kaiser-Franz-Joseph-Promenade gibt und Kostümfeste in altösterreichischen Uniformen stattfinden, ist jüngeren Datums und darf getrost als Tourismuswerbung abgehakt werden.

Für einen lebendigen Eindruck von Österreich müssen die Kroaten allerdings nicht in die Geschichte zurückgehen. Österreich liegt vor der Haustür: Das Kleinstädtchen Leibnitz in der Steiermark, anderthalb Autostunden von Zagreb entfernt, ist mit kroatischen Einkaufstouristen reich geworden, und auf dem Ikea-Parkplatz in Graz hat samstags jedes zweite Auto ein kroatisches Kennzeichen. Geschäftlich herrscht zwischen Wien und Zagreb auch auf höherer Ebene herzliches Einvernehmen, seit im Krieg die Waffenschieber ihre Geschäfte über Österreich abwickelten und alle Neureichen in Graz oder Klagenfurt ihre Konten einrichteten. Politisch schließlich ist die beiderseitige Herzlichkeit kaum zu übertreffen. Für alle Wiener Parteien hat Kroatiens EU-Beitritt höchste politische Priorität. Der bedeutende Regierungschef Ivo Sanader hatte in Innsbruck studiert und eine Firma unterhalten und galt in Österreichs konservativer Volkspartei stets als »einer von uns«.

Manchmal treibt die österreichisch-kroatische Freundschaft seltsame Blüten. An einem Wochenende im Herbst 2005 quälte Österreichs Bundeskanzler Wolfgang Schüssel seine EU-Kollegen mit Widerstand gegen die Aufnahme von Beitrittsverhandlungen mit der Türkei. Schließlich musste er nachgeben. Um seinen Rückzug zu verschleiern, erzählte er zu Hause in Österreich, er hätte im Gegenzug Beitrittsverhandlungen mit Kroatien herausgeschunden. In Wirklichkeit war es ein paar Tage zuvor die Haager Chefanklägerin Carla Del Ponte gewesen, die den Weg zu den Verhandlungen freigemacht hatte. Sanader aber spielte Schüssels Spiel mit und machte die Kroaten glauben, sie verdankten den Erfolg den Österreichern. Die Legende kam auch Sanader gelegen. Er hatte geholfen, den mutmaßlichen Kriegsverbrecher Ante Gotovina zu fangen und seinem Land so zu Del Pontes positivem Gutachten verholfen. Von dem Preis, den er für die Aufnahme von Beitrittsverhandlungen bezahlt hatte, konnte er mit der Schüssel-Story gut ablenken.

Fromme Rüpel aus dem Süden: das kroatische Image im Westen

Dass es so etwas wie Kroaten gibt, ist der Menschheit eigentlich schon lange bekannt. Aber selbst im Bewusstsein der ihnen angeblich so eng verbundenen Deutschen haben das Land und seine Bewohner zu keiner Zeit eine besondere Rolle gespielt. In der deutschen Literatur tauchen Kroaten nur ganz sporadisch und wenn, dann vornehmlich als Söldner im Dreißigjährigen Krieg auf. Entsprechend schlimm ist ihr Ruf. Schon der Zeitgenosse Christoffel von Grimmelshausen lässt in seinem Roman vom »Simplicissimus« zwei raublustige Kroaten auftreten, die sich miteinander in einer Sprache namens »Böhmisch« unterhalten, was auf den ersten Blick nicht eben auf tiefe Landeskenntnis schließen lässt. Später kommen Kroaten in Schillers »Wallenstein« vor, wiederum in wenig schmeichelhaften Komparsenrollen. Ebenfalls um den Dreißigjährigen Krieg geht es in Conrad Ferdinand Meyers Novelle »Gustav Adolfs Page«. Dort wird eine rothaarige Kroatin als Prostituierte in Männerkleidern ertappt, kahl geschoren und zur Besserung ins kalte protestantische Schweden verbannt. Thomas Mann schließlich präsentiert in den »Bekenntnissen des Hochstaplers Felix Krull« dessen abgefeimten Kollegen Stanko aus Agram, wie Zagreb damals im deutschen Sprachraum genannt wurde, mit seinen »slavisch geschnittenen Augen«.

Kroaten als Angehörige einer »blutrünstigen, barbarischen Soldateska«, als »skrupellose, einfältige Plünderer« und als »fanatische Anhänger des Katholizismus« geben nach Meinung des Zagreber Germanisten Marijan Bobinac, der dazu geforscht hat, ein klassisches »Stereotyp der langen Dauer« wieder. Es hat seine historische Grundlage: Im Dreißigjährigen Krieg tauchten in Deutschland tatsächlich viele »Kroaten« auf, als berittene Söldnertruppe oder als »Panduren«, eine Art Militärpolizei. Ob sie alle oder nur die Mehrheit von ihnen im modernen Sinne wirklich Kroaten waren, lässt sich heute nicht mehr herausfinden. Eher waren es wohl Serben, denn sie kamen meistens aus dem Gebiet der Militärgrenze. Die Bauern dort – und vor allem ihre Söhne – waren militärisch fit und auch außerhalb Kroatiens gut einsetzbar. Wenn in Deutschland aber von »Kroaten« die Rede war, so war die Klassifizierung von deren Einheiten gemeint. Unter dem Fußvolk konnten sich – auch mehrheitlich – Tschechen, Ungarn, Serben oder »Wlachen« befinden, die eine romanische Sprache sprachen. Dass sich wie Grimmelshausen zwei »Kroaten« also »auf Böhmisch« unterhielten, muss deshalb nicht einmal ein Fehler sein. Aber noch mehr als hundert Jahre nach dem Ende des Krieges 1648 waren »Kroaten« auf den Schlachtfeldern gern gesehen, etwa im Siebenjährigen Krieg, als »Panduren« im Auftrag des Kaisers Preußen verwüsteten.

Manche Militärhistoriker meinen sogar, dass der Begriff »Kroate« in Westeuropa nach dem Dreißigjährigen Krieg gar nicht mehr auf ein Volk gemünzt war, sondern eine Waffengattung bezeichnete. Die »Kroaten« kämpften als eine Art Mischung zwischen Kavallerie und Infanterie: Sie ritten auf Pferden zum Schlachtfeld und kämpften dort dann zu Fuß. Bald wurde offenbar jede Einheit, die so kämpfte, als »Kroaten« bezeichnet. Diese Erklärung entlastet die heutigen Kroaten zwar von einer blutrünstigen Ahnengalerie, beraubt sie aber gleichzeitig einer hübschen Legende. Als eine *Compagnie d'infanterie de Croates* 1746 an Ludwig XV. vorbeidefilierte, fielen den modebewussten Parisern die Halstücher auf, die die Männer sich umgebunden hatten. Daraus wurde die Krawatte, der einzige bisher bekannte Beitrag Kroatiens zur internationalen Modewelt. Wahrscheinlich, muss man fürchten, waren die Pariser »Kroaten« in Wirklichkeit Franzosen. Ähnlich verhält es sich übrigens mit dem anderen internationalen Wort, das nach Kroatien weist: dem für die schwarz gesprenkelten Hunde, die man überall auf der Welt Dalmatiner nennt. »Dalmatiner« nannte man nach ihrer angeblichen Urheimat die Zigeuner, und der Name übertrug sich auf deren Hunde.

Die Besseren und die Schlechteren: Italiener und Slowenen

Italienern sagt man in Kroatien (ähnlich wie in Deutschland den Franzosen) gern Arroganz nach, und wie in Deutschland verbirgt sich in Kroatien dahinter ein Minderwertigkeitskomplex. Die Italiener, kann man oft hören, »halten sich für etwas Besseres«, obwohl sie »uns« in Bildung und Kultur kein bisschen voraus seien. Beide Nationen verbindet eine belastete Geschichte. Im Ersten Weltkrieg fochten die italienischen »Irredentisten« um die »unerlösten« italienischen oder scheinbar italienischen Gebiete jenseits der Grenzen: um Südtirol und das österreichische Kanaltal ebenso wie um Rijeka, die Inseln in der Kvarner Bucht und die Hafenstädte Dalmatiens. Nach dem Ersten Weltkrieg, als Mussolini zur Macht kam, bekamen die Chauvinisten weiteren Auftrieb. Der Dichter und Freischärlerführer Gabriele D'Annunzio besetzte Rijeka (zu deutsch: Fluss), das die Italiener Fiume nennen und nach dem in jeder italienischen Stadt heute noch eine Straße benannt ist. Zadar (italienisch: Zara) wurde zu einem Bollwerk der *italianità* gegen die »slawische Flut« ausgebaut. Die Kroaten waren für D'Annunzio Wilde, »Wölfe des Meeres«, Piraten also. Dass die Italiener sich so aggressiv aufführten, beförderte übrigens stark die Bildung Jugoslawiens: Ohne serbischen Schutz fürchteten die Kroaten den Gebietsansprüchen nicht widerstehen zu können.

Wer zum Einkaufen von Zagreb nach Graz oder von Rijeka nach Triest will, muss ein paar Kilometer durch ein drittes Land: Slowenien. Dass die Kroaten die Österreicher und Italiener großzügig zu ihren »Nachbarn« rechnen, liegt wohl auch daran, dass sie die Existenz ihres wirklichen nördlichen Nachbarn nur widerwillig zur Kenntnis nehmen. Obwohl die beiden katholischen Länder, beide einst Teil der k.u.k. Monarchie, sich gemeinsam von Jugoslawien lösten, herrscht zwischen den Nationen keine Freundschaft. Kroaten schimpfen, sie würden an der Grenze schlecht behandelt und im Land von der Polizei abgezockt – etwa bei der Fußball-Europameisterschaft 2008, zu der viele Kroaten nach Österreich reisten. Zur Zeit der EM durfte man in Kroatien und in Österreich eine Fahne am Auto mitführen, nicht aber in Slowenien. Statt einreisende Kroaten gleich an der Grenze darauf aufmerksam zu machen, wartete slowenische Polizei im nächsten Ort und nahm den Fans saftige Geldbußen ab. Als schikanös empfinden Kroaten schon, dass die Slowenen mehr als ein Jahrzehnt nicht daran dachten, die fehlenden Autobahnstücke bis zur kroatischen Grenze auszubauen. Von jeder Stadt in Westeuropa kann man heute durchgängig über Graz bis nach Niš in Südserbien fahren – ausgenommen die wenigen Kilometer vom slowenischen Ptuj bis zur kroatischen Grenze. Als Slowenien 2007 »Schengen-Land« wurde, empörte man sich in Kroatien, dass die Nachbarn zwecks Grenzsicherung nun sogar die Brückchen über die Grenzbäche abrissen, auf denen kroatische Bauern bis dahin mit ihrem Traktor zu ihren Feldern jenseits der Grenze fuhren. Nicht vergessen ist unter Kroaten, dass die damals in ganz Jugoslawien beliebte *Ljubljanska Banka* mit Beginn des Krieges alle Spareinlagen aus anderen Republiken, auch die aus Kroatien, als »slowenisch« deklarierte und nie zurückzahlte. Dass die Kroaten im Krieg die Wochenendhäuser von Slowenen in Istrien bevorzugt mit Flüchtlingen belegten, galt nur als schwache Revanche.

An dem Geplänkel beteiligen sich durchaus auch die Regierungen. Zu einer ernsten Krise im Verhältnis beider Länder kam es, als Slowenien zu Weihnachten 2008 plötzlich die EU-Beitrittsverhandlungen Kroatiens blockierte. Schon seit der Unabhängigkeit hatten Kroatien und Slowenien mit allerlei Tricks und Untergriffen um den genauen Verlauf der Grenze gestritten. Immer wieder musste Polizei aufmarschieren. Besonders heftig wird um die Seegrenze in der Bucht von Piran gerungen: Je nach dem, wo sie verläuft, haben die Slowenen Zugang zum offenen Meer jenseits der Dreimeilenzone oder nicht. Beide Regierungen, die in Zagreb und die in Ljubljana, mobilisierten über den Konflikt immer wieder in Wahlkämpfen nationale Gefühle für sich. Nun aber, wo Slowenien schon EU-Mitglied war und Kroatien noch nicht, nutzte der innenpolitisch schwache neue Premier Borut Pahor in Ljubljana die günstige Position seines Landes aus, um den Kroaten abzutrotzen, was sie nicht hergeben wollten. Dabei war (und ist) Kroatien in dem Streit gleich doppelt im Recht. Nach den Regeln des internationalen Seerechts werden Grenzen in Buchten so gezogen, dass man von Bucht zu Bucht eine Linie zieht und diese dann in der Mitte teilt – so wie es in der Bucht von Piran die Kroaten tun. Weil man in Ljubljana um die Rechtslage wusste, mochte man auf den kroatischen Vorschlag nicht eingehen, den Fall vom Seegerichtshof in Den Haag entscheiden zu lassen. Stattdessen setzten die Slowenen auf eine schiedsrichterliche Entscheidung »nach Recht und Billigkeit«. Zagrebs Regierungschef Sanader, außer sich vor Entsetzen über die erpresserische Haltung der Nachbarn, lehnte ab. Ins Unrecht gesetzt hatten sich die Slowenen außerdem nach einer ungeschriebenen Regel der Europäischen Union, die da lautet: Du sollst bilaterale Probleme aus dem Beitrittsprozess raus halten! Aber die EU machte keine Anstalten, ihre Regel durchzusetzen. Erst Sanaders Nachfolgerin Jadranka Kosor ließ sich dann auf das schiedsrichterliche Verfahren nach slowenischem Vorschlag ein. Entscheidet der Schiedsrichter nicht so, wie die Kroaten es gerne hätten, steht dem Land noch eine Zerreißprobe bevor: Dass die gedemütigten Kroaten unter solchen Umständen nach Abschluss der Verhandlungen noch Ja zum EU-Beitritt sagen, ist nicht sicher.

Als Slowenien und Kroatien noch jugoslawische Republiken waren, lagen sie wirtschaftlich noch fast gleichauf. Jetzt liegt Sloweniens Bruttoinlandsprodukt pro Kopf etwa beim Doppelten des kroatischen. Slowenien ist seit 2004 EU-Mitglied und hat seit 2007 den Euro. Als bewunderungswürdig oder gar vorbildhaft wird der Weg des Nachbarn in Kroatien deshalb noch lange nicht betrachtet. Nach einem viel älteren Klischee gelten die Slowenen bei den Kroaten als Nation dritter Klasse: Während sie selbst einen eigenen kroatischen Adel hatten, sich ein starkes kroatisches Bürgertum entwickelte, während Kroatien einmal ein eigenes Reich gewesen war und in Österreich-Ungarn deshalb viel zitierte historische Rechte genoss, sind die Slowenen aus kroatischer Perspektive bloß ein geschichtsloses Bauernvolk, dessen Kuhstallsprache im Grunde nichts weiter ist als Kroatisch mit österreichischem Akzent. Umgekehrt gelten die Kroaten in Slowenien als »Balkanesen« – wenigstens auf der Ebene der allgemein verbreiteten Vorurteile.

Ungarn und bosnische Muslime: ein Un-Verhältnis

Ein weitgehend emotionsloses Verhältnis dagegen unterhalten die Kroaten mit ihren nördlichen Nachbarn, den Ungarn, obwohl doch gerade sie in der kroatischen Geschichte eine im Wortsinn dominierende Rolle spielen. Aber wie man im Falle der Ungarn sieht, kann Geschichte durchaus auch vergehen: Von den über 800 Jahren, die Kroatien zu Ungarn gehörte, ist heute kaum eine Spur geblieben. Niemand spricht ungarisch, was in der ersten Hälfte des 20. Jahrhunderts noch anders gewesen sein muss, wie die Jugenderinnerungen des französisch-ungarischen Schriftstellers François Fejtő belegen. Nirgends sieht man eine ungarische Inschrift. Der Grund ist wohl, dass Ungarn fast die ganzen 800 Jahre über genau wie Kroatien seinerseits unter der politischen und kulturellen Hegemonie der österreichischen Deutschen stand. Die Phase, in der die Ungarn auf Kroatien kulturell wenigstens ein bisschen kolonisierend wirkten, war kurz. Wenn auf der anderen Seite das selbstständige Ungarn nach dem Ersten Weltkrieg den verlorenen Gebieten nachtrauerte, waren damit Siebenbürgen, die Slowakei und die heute serbische Vojvodina gemeint, nicht aber Kroatien. Zu sozialistischer Zeit schauten die reicheren und weltläufigen Kroaten wie alle Jugoslawen auf die Billigtouristen herab, die in ihren überladenen Trabbis an die dalmatinische Küste zockelten, um sich dort von Brot und mitgebrachter Dauerwurst zu ernähren. Im Krieg dann war Ungarn das Terrain, auf dem Serben und Kroaten einander ungestört begegnen konnten; in der Kleinstadt Baja an der Donau wechselten die Passagiere aus Zagreb und Belgrad die Busse. Der Lebensmittelhändler am Hauptplatz zu Baja pflegte seine jugoslawischen Kunden beim Einkauf stets nach der Herkunft zu fragen: »Tschetnik oder Ustascha?« Vielleicht nahm er Rache für den Hochmut, der ihm einst als Adria-Tourist entgegengeschlagen war.

Zu einem ihrer Nachbarvölker haben die Kroaten ihr Verhältnis auch nach dem Krieg noch nicht klären können: zu den bosnischen Muslimen. Dass die Nachfahren der zu türkischer Zeit zum Islam übergetretenen Bosnier überhaupt eine Nation sein sollten, passte zunächst ins Bild, das die Kroaten sich von einer Nation machten, noch weniger hinein als das Österreichertum. Es ist ja in der Tat auch ungewöhnlich; dass es so kam, lag an der

Verfassungsordnung Jugoslawiens, wo jeder in nationaler Hinsicht irgendwo hingehören musste. Bevor die »muslimanische« Nation in den sechziger Jahren – je nach Blickwinkel – »anerkannt« oder »geschaffen« wurde, hatten die Muslime sich (häufiger) als »Kroaten«, als Serben (seltener) oder (meistens) überhaupt nicht deklariert. In der Ustascha-Zeit galten die Muslime allesamt als Kroaten. Sie sollten angeblich sogar besonders »rasserein« sein, weil ihr Glaube ihnen die »Vermischung« mit anderen Nationalitäten de facto schwierig machte. Die SS bildete aus bosnischen Muslimen sogar eine eigene Division mit dem Namen »Handžar«, dem arabischen Wort für das Kurzschwert. Bis heute neigt die kroatische Rechte dazu, die Muslime einfach einzugemeinden, und noch zu Anfang des bosnischen Krieges warb eine kroatisch dominierte Miliz, die »Kroatische Verteidigungsmacht« (HOS) zum Kampf gegen die Serben um muslimische Mitglieder. Aber die Fronten wechselten rasch, und die Muslime, die das gemeinsame Bosnien erhalten wollten, wurden zum Feind sowohl der Serben als auch der Kroaten. Ausgerechnet die »reinsten« Kroaten waren nun auf einmal nicht mehr »rein« genug – wie der bosnische Sänger Ibrica Jusić, der mit seinen Volksliedern aus Sarajewo nirgends mehr auftreten durfte. Eine Nation vereinnahmen zu wollen und sie zu bekämpfen, ist allerdings ein Widerspruch. Gelöst ist er bis heute nicht. Franjo Tudjman betonte wiederholt, es sei die »historische Sendung« der Kroaten, die bosnischen Muslime zu »zivilisieren«, was diese angesichts der Gräuel kroatischer Truppen in Bosnien nur als bösen Zynismus begreifen konnten. Das moderne, demokratische Kroatien korrigierte Tudjmans aggressiven Kurs und bemühte sich um ein partnerschaftliches Verhältnis zu den »Bosnjaken«, wie die Muslime sich seit 1993 offiziell nennen. Das wiederum wird von vielen Bosniern als Patronage aufgefasst. Kroatien ist für sie entweder der Feind oder die verschlingende Kolonialmacht – ein Drittes gibt es nicht.

Ist Kroatisch überhaupt eine eigene Sprache?

Unverständlich war vielen Westeuropäern nach der Wiederentdeckung der nationalen Unterschiede in Jugoslawien, was eigentlich die Hauptwidersacher im Konflikt, Kroaten und Serben, voneinander unterschied. Landeskenner bemühten sich, das möglichst knapp zu erklären. Auf dem Balkan, so die Faustformel, unterscheidet man die Nationen nicht nach der Muttersprache, sondern nach der Konfession. Das mit der Konfession stimmt, wie gesagt, nur bedingt. Das mit der Sprache stimmt noch weniger. Tatsächlich können sich Serben und Kroaten problemlos miteinander verständigen. Aber Kommunikation ist eben nur eine Funktion der Sprache. Die andere Funktion ist: Sie verleiht dem, der sie spricht, eine Identität. Die Sprache ist für Kroaten und Serben seit 200 Jahren ein Politikum erster Güte und war im gemeinsamen Staat Jugoslawien ein steter Zankapfel. Wie wichtig die Sprache den Kroaten zu sein hat, bekommen sie täglich im Rundfunk eingebläut: Eine Kurzsendung unter dem strengen Titel »Sprechen wir Kroatisch!« unterrichtet das Volk seit Jahren im korrekten Gebrauch ihres nationalen Idioms.

Ist Kroatisch überhaupt eine eigene Sprache? Oder wird da nur krampf- und wahnhaft versucht, eine Kulturvariante des Serbokroatischen zur Nationalsprache aufzuwerten? Die naheliegende Frage ist politisch so hoch aufgeladen, dass man sie gerne an die nüchterne Wissenschaft weiterreichen würde. Die aber kickt den Ball elegant zurück und behauptet, »Sprache« sei eine politische und keine linguistische Kategorie. »Eine Sprache«, hat Mark Twain das Argument einmal auf den Punkt gebracht, »ist ein Dialekt mit einer Armee.«

Kroatisch, Serbisch und Bosnisch sind keine Dialekte wie Platt oder Alemannisch, sondern, wenn man sie schon nicht als eigenständige Sprachen qualifizieren möchte, Varianten einer Standardsprache – so wie das Flämische in Belgien kein Dialekt, sondern ein von einer Staatsgrenze markierter »Kulturdialekt« des Niederländischen ist. Im Prinzip ähnlich, wenn auch deutlich weniger ausgeprägt, verhält es sich mit dem Deutschen in Deutschland und Österreich. Auch auf beiden Ufern der Salzach wird, wenn es um den Dialekt geht, praktisch gleich gesprochen. Aber der Geltungsbereich österreichischer Wörter wie »Erlagschein« oder »Gendarmeriekommando« hört genau an der Grenze auf. In erster Linie jedoch unterscheiden Kroatisch, Serbisch und Bosnisch sich durch die Person des Sprechers und nicht durch irgendwelche linguistischen Eigenschaften. Ein Serbe in Zagreb nennt seine Sprache »Serbisch«, weil er eben ein Serbe ist und nicht, weil er für Brot *hleb* sagt statt, wie die Kroaten, *kruh*. Aber auch ein kroatischer Serbe, der ganz genau so spricht wie sein kroatischer

Nachbar, nennt seine Sprache Serbisch. Der Nachbar kann natürlich nur Kroatisch.

Ein Serbe spricht per Definition serbisch, ein Kroate kroatisch, und ein Bosnier spricht, allerdings nur wenn er aus einer muslimischen Familie stammt, bosnisch. Das System, für das es im nicht minder sprachenreichen Westeuropa kein Vorbild gibt, ist in sich stimmig, versagt aber, sobald Nichtmuttersprachler ins Spiel kommen. Wenn jemand sprechen kann wie wir, aber nicht Kroate ist, was spricht der dann? Vor allem in Bosnien zieht man sich in solchen Fällen gern mit Auslassungen und Umschreibungen aus der Affäre. Man sagt: »Sie sprechen unsere Sprache aber gut!« – und entgeht so der Peinlichkeit, das Idiom bei seinem politisch umstrittenen Namen zu nennen. Zu sagen »Sie sprechen aber gut Bosnisch!« wäre eine Vereinnahmung, von der man nicht weiß, ob sie dem Fremden angenehm ist. Auslandsslawisten haben sich entschieden, die drei Sprachen weiterhin gemeinsam zu unterrichten und nur verschieden zu nennen: Das einstige Fach »Serbokroatistik« heißt heute meistens »B/K/S«: Bosnisch, Kroatisch, Serbisch – aus Neutralitätsgründen in alphabetischer Reihenfolge. Es geht auch einfacher: Auf einem Kongress hängten genervte Dolmetscher neben die Schilder ihrer Kollegen, die ihre jeweilige Sprache ohne nachzudenken als »English«, »Français« oder »Deutsch« auswiesen, einfach das Wort »Naški« an ihre Kabine: »Unsrig«. Das postjugoslawische Kunstwort bezeichnet etwas, das es gibt, aber nicht geben darf: die gemeinsame Sprache.

Narzissmus des kleinsten Unterschieds

Wenn Gebildete von »Kroatisch«, »Bosnisch« und »Serbisch« reden, meinen sie jeweils die Sprache der Bücher, die in Zagreb, Sarajewo und Belgrad verlegt werden. Diese unterscheiden sich allerdings signifikant voneinander. Im literarischen Kroatisch lässt sich, anders als im Serbischen und Bosnischen, die Nähe zum Lateinischen und Deutschen spüren. »Es gibt im Kroatischen zum Beispiel den vollen Variantenreichtum der Konjunktionen, mit denen man Haupt- und Nebensätze einander über- oder unterordnet«, sagt Klaus Detlef Olof, der bedeutendste deutsche Übersetzer südslawischer Literatur. Im Serbischen dagegen sind Nebensätze meistens nebengeordnet und oft mit der Einheitskonjunktion *da* verbunden – vergleichbar dem deutschen »dass«.

Die kleinen, feinen Unterschiede verstehen sich nicht von selbst, sondern wollen sorgfältig studiert sein. Sogar die furiosen Nationalisten von der Ustascha fielen in ihre selbst gegrabene Grube und nannten ihre Nazimarionettenrepublik *Nezavisna Država Hrvatska*: Unabhängiger Staat Kroatien. Die Sprachpuristen kamen später darauf, dass es auf echt Kroatisch *Neovisna* statt *Nezavisna* hätte heißen müssen. Wie national jemand gepolt ist, lässt sich übrigens mit einem Testwort herausfinden: Man flechte beiläufig das Wort *hiljada* (für »tausend«) ins Gespräch ein. Wird man in der Antwort diskret auf *tisuća* verbessert, hat man einen national bewussten Kroaten vor sich. Nimmt der andere das *hiljada* auf, signalisiert er südslawisches Gemeinschaftsgefühl – oder eine generelle Abneigung gegen politische Interventionen in seinen Privatbereich.

Selbst wenn die Kroaten ihre Sprache einhellig weiter »kroatisieren« würden – an der Nähe des Kroatischen zum Serbischen oder Bosnischen würde das nichts ändern. Denn die neuen Wörter werden auch in Serbien und in Bosnien zwar als komisch empfunden, aber doch spontan verstanden. Schließlich sind sie aus demselben Sprachmaterial gebildet, das auch in den Nachbarländern Verwendung findet.

Als die Südslawen von Napoleon zu »Illyrern« zusammengefasst wurden und manche von ihnen von einer freien »illyrischen« Nation zu träumen begannen, fand das neue Gemeinschaftsgefühl auch seinen sprachlichen Ausdruck. Zwar konnten die Südslawen sich immer schon leicht verständigen, aber eine gemeinsame Nationalsprache gab es – mangels Staat – nicht. In Serbien bemühte sich der große Literat Vuk Karadžić um eine Vereinheitlichung. Für Karadžić, einen Zeitgenossen und Gesprächspartner Goethes, sprachen Serben wie Kroaten »Serbisch« – was dem romantischen Dichter später als imperiale Großmannssucht ausgelegt wurde, aber sicher nicht so gemeint war. Mit den nationalen Begriffen und Abgrenzungen ging es damals noch durcheinander. Schließlich schafften die zueinander strebenden Nationen es, sich auf eine gemeinsame Standardsprache zu einigen. Sie sollte in zwei »Varianten« gesprochen werden und hieß in Serbien und überall sonst in der Welt »Serbokroatisch«, in Kroatien aber »Kroatoserbisch«. Die gemeinsame Sprache war das Produkt einer

Festsetzung, nicht einer Entwicklung. Lange hatten die Sprachschöpfer darüber diskutiert, ob man nicht auch das Slowenische mit unter das gemeinsame Sprachdach nehmen sollte. Man entschied sich dagegen – ob aus linguistischen oder aus politischen Gründen, ist heute nicht mehr nachvollziehbar.

Erst mit der Erfindung des Serbokroatischen wurde auch das Kroatische überhaupt zu einer Standardsprache. Zwar gab es schon lange eine reiche kroatische Literatur, aber sie war in drei sehr unterschiedlichen Dialekten verfasst. Unter ihnen musste man nun einen aussuchen. Die »Illyrer« entschieden sich für das so genannte »Štokavische« als künftige »kroatoserbische« Standardsprache. Der Dialekt, der vor allem in der Herzegowina gesprochen wurde, war von den dreien dem Serbischen am ähnlichsten und eignete sich deshalb am besten für das sprachliche Vereinigungsprojekt – so zumindest eine, wenngleich nicht unumstrittene Deutung der damaligen Einigung. Manche Nachfahren der beiden unterlegenen Kulturdialekte haben sich mit dieser Niederlage bis heute nicht richtig abgefunden. Besonders in Zagreb wird noch immer Klage über den Untergang des dort einst verbreiteten »Kajkavischen« geführt, das dem Slowenischen und in seiner Struktur dem Deutschen besonders ähnlich war. Eine Zeitschrift »Kaj« hält die Tradition aufrecht. Im Alltag sprechen heute fast alle Kroaten – wie auch fast alle Serben und Bosnier – Štokavisch. Für Romantiker ist das fatal, für Ausländer ist es praktisch.

Wrklich so ein schrckliche Sprche?

Wer Italien liebt und regelmäßig dorthin reist, ist sprachlich schnell über das *Buon giorno* und die Bestellung im Restaurant hinaus. Liebhaber der anderen Adria-Küste tun sich da schwerer. Kroatisch lernt man in der Tat nicht so rasch wie romanische Sprachen, deren halben Wortschatz man schon als Fremdwörter irgendwie im Ohr hat. Aber so schwer, wie es auf den ersten Blick aussieht, ist die Sprache nicht. Unter den slawischen gilt sie als die einfachste. In einiger Hinsicht ist sie sogar leichter zu lernen als manche westeuropäische.

Die erste und höchste Hürde ist die Aussprache. Reisende erschrecken schon beim flüchtigen Blick auf die Kroatienkarte. Da heißt eine Insel einfach »Krk«. Im Landesinneren stößt man auf Wörter wie »vrh«, an der Küste auf etliche »rt« – keine Abkürzung, sondern das kroatische Wort für Kap. Kann man Wörter ohne Vokale überhaupt aussprechen? Man kann. Wer daran zweifelt, sollte einfach Kroaten beim Sprechen zuhören. Sie stocken nicht vor schwierigen Wörtern, und ihre Rede klingt trotz der bedrohlichen Häufung von Konsonanten in der Schrift weich und melodisch und auf jeden Fall nicht so hart und tonlos, wie man es nach dem Schriftbild erwarten würde. Verantwortlich dafür sind etliche Weichmacher, die dunklen u und die vielen j und lj in vielen Wörtern, die dem Kroatischen eine geradezu russische Geschmeidigkeit geben. Übrigens auch im Unterschied zum Serbischen: Als Draža Mihajlović, der Anführer der serbischen Tschetniks, im Zweiten Weltkrieg den Partisanenhäuptling Tito traf, hielt er ihn für einen russischen Spion. Schuld waren die j, die Tito als Kroate vor jedes lange e schob.

Das Anfangsproblem mit den Konsonantenwörtern ist leicht zu überwinden, denn wirklich vokallos sind sie gar nicht. In manchen slawischen Sprachen können außer Vokalen auch bestimmte Konsonanten, namentlich die beiden »flüssigen« unter ihnen, das r und l, eine Silbe tragen und damit im Wort die Funktion eines Vokals übernehmen. Im Kroatischen gilt das nur für das r. Das Phänomen kommt auch im Deutschen vor – wenn auch nur etwa in dem Ausruf »brrr«, mit dem Pferde bremst oder anderen mitteilt, dass einem kalt ist. Wer brrr sagen kann, kann auch jedes kroatische Wort artikulieren. Mit dem r muss man sich nicht besonders abplagen: Man kann ja auch »brrr« ebenso mit einem gerollten Zungen-r wie mit dem verhaltenen Zäpfchenlaut aussprechen, der in Norddeutschland in Gebrauch ist. So verhält es sich auch mit Wörtern wie Krk oder *vrh*: Man muss das r nicht rollen, um verstanden zu werden. Wichtig ist aber, dass man die Problemwörter auch wirklich beherzt auf dem r betont: Krrrk, wrrrch. Je weniger hart und kehlig man das r und bei *vrh* auch das folgende ch ausspricht, desto leichter wird es. Unverständlich für Kroaten wird es erst, wenn man versucht, vor oder hinter das r einen kleinen Vokal einzuschmuggeln – also wenn man zum Beispiel Kirk oder Krik sagt. Umschleichen kann man die phonetische Hürde nicht, wenn man sich in Kroatien verständlich machen will. Schon an der Grenze macht der Einreisende Bekanntschaft mit einem besonderen Zungenbrecher: *Hrvatska*, dem kroatischen Wort für Kroatien. Ausländer sind versucht, sich über das Konsonantengetümmel am Anfang dieses Wortes irgendwie herüberzuretten und dann erlöst in ein offenes a auszubrechen. Aber auch *Hrvatska* wird, trotz der beiden a-s, auf dem r betont: Chrrrrwatzka.

Einen kroatischen Text fehlerfrei vorzulesen lernt man sogar sehr schnell: Die Schrift ist rein phonetisch – alles wird gesprochen, wie es geschrieben wird. Versuche von nationalen Sprachreformern, nach deutschem Vorbild die »etymologische« Rechtschreibung nach Wurzeln und Stämmen einzurühren, sind allesamt gescheitert; manchmal begegnet einem die »Wurzelschreibung« noch in national besonders bewussten Texten. Die Kroaten beachten ihre streng phonetische Rechtschreibung sogar noch radikaler als die Italiener, die immerhin *istituto* statt »instituto« sagen, weil man das n nicht wirklich mitspricht. Weil mm oder tt von einfachem m oder t in der Aussprache nicht klar zu differenzieren sind, gibt es im Kroatischen nicht einmal Doppelkonsonanten.

Schnell fertig sind Kroatischlernende auch mit dem Geschlecht der Substantive, das Ausländern auch mit sehr guten Deutschkenntnissen häufig ein Leben lang Schwierigkeiten macht. Wie im Deutschen gibt es im Kroatischen drei Geschlechter, die man aber, anders als im Deutschen, leicht an der Endung erkennt. Bis auf ganz wenige Ausnahmen enden alle weiblichen Substantive auf -a, alle sächlichen auf -o und -e; alle anderen sind männlich. Dass das Deutsche da kaum Regeln kennt, will Kroaten schwer in den Kopf. Im österreichischen Graz gibt es ein Grillrestaurant, das in der Leuchtschrift sein Burek als »Der bosnische Spezialität« anpreist. Bosnier, Serben und Kroaten halten »Spezialität« wegen des t am Ende zunächst einmal ganz selbstverständlich für ein männliches Wort.

Verschiedene Vergangenheitsformen des Verbs schließlich, wie im Englischen oder Französischen, muss man im Kroatischen nicht lernen. In gesprochener Sprache, aber auch in Gebrauchs- und Zeitungstexten kommt nur eine einzige Vergangenheitsform vor, die außerdem noch denkbar einfach zu bilden ist: das Perfekt, bestehend aus der Gegenwart von »sein« und einem Partizip: Es heißt im Kroatischen, wörtlich zurückübersetzt, einfach »ich bin gewesen«, »ich bin gesessen«, aber auch »ich bin gegessen« – statt »ich habe gegessen«. Slawisten lernen, dass es noch zwei andere Vergangenheitsformen gibt. In der Wirklichkeit sind beide so gut wie ausgestorben und kommen nicht einmal mehr in gehobener Literatur vor. Der einzige kroatische Autor, der sie noch verwendet, Miro Gavran, gilt bei seinen Kollegen als abgedrehter Snob.

Pleh-Schaden beim Rikverc-Fahren

Vom Englischlernen sagt man: Es fängt leicht an und wird dann immer schwerer. Beim Französischen verhält es sich umgekehrt. Hat man das Prinzip einmal heraus, fällt es leicht, sich zu perfektionieren. Kroatisch gehört in dieser Hinsicht eindeutig zum französischen Typ. Kennt man ein paar Regeln und eine Anzahl von Wortstämmen, kann man den Rest leicht erschließen. Wer zum Beispiel das kroatische Wort für »Ausflug« bilden will, muss nur wissen, was »aus« und was »fliegen« heißt. Im Englischen und im Französischen kommt man mit diesem Verfahren nicht weit. In der Begriffs- und auch in der Wortbildung ist das Kroatische dem Deutschen tatsächlich verblüffend ähnlich. Das ist kein Zufall, sondern die Folge enger Sprachkontakte – seit der Zeit der Völkerwanderung: Das Kroatische hat sich, besonders zur Zeit seiner Renaissance im 19. Jahrhundert, am Deutschen regelrecht geschult. Manche Begriffe sind auch seit den vierziger Jahren des 18. Jahrhunderts über das Tschechische in die Sprache gekommen, das sich seinerseits auch stark an das Deutsche angelehnt hat.

Deutsche Wörter hat das Kroatische zu allen Zeiten aufgenommen. Als ältestes »deutsches« Fremdwort im Kroatischen gilt *vinograd*, das vom gotischen *weingards* kommen soll und Weinberg oder Weingarten bedeutet. Das Wort *kralj* für »König«, das die meisten slawischen Sprachen kennen, ist vom Eigennamen »Karl« abgeleitet und geht auf Karl den Großen zurück. Im Mittelalter gab es in Zagreb ein »Nemška ves«, ein »deutsches Dorf«, bewohnt von deutschsprachigen Kaufleuten. Die Donauschwaben, die im 18. Jahrhundert nach Slawonien kamen, haben dem Kroatischen eine Reihe landwirtschaftlicher Wörter gebracht. Das bekannteste ist *krumpir* für Kartoffel, eine Verballhornung von Grundbirne, wie man in Schwaben zur Kartoffel sagt. Die meisten deutschen Fremdwörter allerdings sind über österreichische Beamte ins Land gekommen, die meistens einen Wiener Akzent sprachen und besonders auf das Idiom von Zagreb starken Einfluss ausübten. Sie brachten neben Verwaltungstechniken auch Schule und Rechtswesen mit und bescherten den Kroaten so putzige Wörter wie *hohštapler*, *štreber* und *štrajkbreher* sowie ihre österreichische Küche – die ihrerseits tief im Tschechischen wurzelt. Bis heute essen viele Zagreber Familien *štrukli* (Strudel), *krafna* (Krapfen), *knedl* (Knödel) oder *šnicla*. Zwar gibt es für Schnitzel im Kroatischen auch ein slawisches Wort, aber jeder Ober versteht auch Schnitzel. Das slawische Wort, *odrezak*, heißt wörtlich übrigens so viel wie »Abschnitt« – Schnitzel eben. Früher wurde in Zagreb die Kneipe *pajzl* (Beisel) genannt, und die Butter heißt auch heute noch *puter*. In Istrien kann man mit etwas Glück *šufnudeln* (österreichische »Schupfnudeln«) oder *cušpajze* (die Beilage oder »Zuspeise«) bekommen. Ebenfalls noch in Gebrauch ist *haustor* für das Treppenhaus. Um ihre echt Zagreber Wurzeln zu betonen, nennt sich eine Rock- und Reggae-Band so.

Als Kroatien aus der deutschsprachig geprägten Donaumonarchie ins südslawisch dominierte Jugoslawien wechselte, hörte der Sprachkontakt übrigens nicht auf. Das merkt man, wenn man mit dem Auto in eine Werkstatt muss: Im Angesicht eines streikenden Motors wird deutsch gesprochen. Um festzustellen, woher das das laute, seltsame Geräusch kommt, wird der Mechaniker mit einem *šrafziger* (Schraubenzieher) bewaffnet einen Blick unter die *hauba* werfen. Oder kommt es doch nur aus dem *auspuh*? Ebenso hilfreich ist der Mechaniker, wenn man sich beim *Rikverc*-Fahren am *gepek* (den Koffer- oder Gepäckraum) einen »*Pleh*«-Schaden zugezogen hat.

In der kroatischen Elementarschule, die alle Kinder von der ersten bis zur achten Klasse gemeinsam besuchen, lernen heute wieder 26 Prozent Deutsch als erste Fremdsprache – gegenüber 68 Prozent Englisch. Zu jugoslawischer Zeit gab es für Englisch, Deutsch, Französisch und Russisch feste Quoten; die einzelnen Schüler durften sich nicht aussuchen, welche der Sprachen sie lernen wollten. Englisch war für die *štreber* reserviert, mit Russisch wurden die Nichtsnutze abgefunden, Deutsch und Französisch genossen so ein mittleres Prestige. Aber die Schule ist bei weitem nicht die einzige Quelle für die Deutschkenntnisse der Kroaten. Schon die Kleinsten sehen im Fernsehen deutsche Zeichentrickfilme und achten auf die Wörter, weil sie die kroatischen Untertitel noch nicht lesen können. Die Erwachsenen finden in den untertitelten »Tatort«-Krimis eine ideale Übersetzungshilfe. Synchronisieren ist nicht üblich. Viele, deren Eltern Gastarbeiter waren, haben einen Teil ihrer Kindheit in Deutschland oder Österreich verbracht und sprechen akzentfrei Deutsch. Manchmal kann man in Zagreb oder in Osijek auch noch alten Menschen begegnen, die ein sehr gepflegtes, aber für unsere Ohren etwas altertümliches Deutsch sprechen – wie Eugen Pusić es spricht, der Vater einer Zagreber Politikerdynastie, oder der langjährige Vorsitzende der Jüdischen Gemeinde, Slavko Goldstein. Sie stammen aus bildungsbürgerlichen Häusern, die das Deutsche, neben dem Kroatischen, als Familiensprache pflegten. »Deutsche« sind sie deshalb nicht.

Wenn etwas passiert gewesen sein sollte

Der enge Kontakt mit dem Deutschen hat unter national empfindenden Kroaten schon im 19. Jahrhundert den Wunsch hervorgebracht, die Sprache »rein« zu halten und von fremden Einflüssen zu säubern. So kommt es, dass das moderne Kroatisch im Wortschatz ein gutes Stück »slawischer« ist als das Serbische, das nie unter deutscher Dominanz stand. Für manche internationalen Wörter, die in Serbien ganz selbstverständlich verwendet werden, hat man sich in Kroatien slawische Entsprechungen ausgedacht: Die Universität wurde zur »Alleslernerei«, das Telegramm zum »Schnellmeld«. Auch verwenden die Kroaten zum Leidwesen aller, die ihre Sprache lernen wollen, nicht die lateinischen Monatsnamen wie Januar, Mai oder Dezember, sondern ihre eigenen »altslawischen«. In Serbien sind solche Wortbildungen oft als krampfhafter Versuch gedeutet worden, sich vom Serbokroatischen zu unterscheiden. Zumindest für den Beginn dieser Tendenz stimmt das nicht: Da musste man sich vom Deutschen absetzen, nicht vom Serbischen. In der Zeit der Ustascha und in der Ära Tudjman wurde dann allerdings besonders intensive Sprachpflege betrieben. Wörter wie »Schnellsprech« für Telefon und »Lufthafen« für Aerodrom fanden Eingang in die Amts-, nicht aber in die Umgangssprache. Das letzte Beispiel macht deutlich, dass solche Neubildungen keine kroatische Spezialität sind, sondern vom Deutschen abgeschaut, von dem man sich doch ursprünglich gerade absetzen wollte. Auch im Amtsdeutschen gibt es »Fernsprecher« und »Kraftfahrzeuge«, die statt zu blinken »den Fahrtrichtungsanzeiger betätigen«. Manche dieser Wortungetüme sind in die Alltagssprache eingegangen, manche nicht – im Kroatischen wie im Deutschen.

Beim Übersetzen aus einer der südslawischen Sprachen fallen Klaus Detlef Olof vor allem drei grundsätzliche Unterschiede zum Deutschen auf: Die Bildung von zusammengesetzten Substantiven, wie das Deutsche sie so liebt, ist im Kroatischen und erst recht im Serbischen nicht üblich. Wörter wie *brzojav* oder »Schnellmeld« für Telegramm sind demnach, obwohl sie besonders kroatisch klingen sollen, im Grunde Germanismen. Ein zweiter Unterschied ist das praktische Fehlen des Passiv, ein dritter die Gleichgültigkeit im Umgang mit den Zeiten. Im Deutschen (wie auch Englischen und Französischen) unterscheidet man sorgfältig, ob es vorher, gleichzeitig oder nachher passiert und bildet dafür das Plusquamperfekt (die Vorvergangenheit), wenn etwas »vorher schon eingetreten war«, und das Futur II in dem Falle, dass »etwas geschehen sein wird«. Sprechern südslawischer Sprache sind diese Unterscheidungen egal. »Ob etwas vorher, gleichzeitig oder nachher passiert, muss man also entweder aus dem Kontext erschließen, oder aber man sucht sich etwas aus«, sagt Olof.

Wer gerne Völkerpsychologie betreibt, wie es in der Region selbst um das Jahr 1990 modern war, mag aus den Unterschieden in der Sprache auf Unterschiede im Denken und im Weltbild schließen. Sprachwissenschaftler warnen allerdings, da Zusammenhänge herzustellen, und wenden ein, dass man letzten Endes in jeder Sprache alles ausdrücken könne. Das mag stimmen, aber mancher Gedanke liegt in einer bestimmten Sprache doch eher nahe, und ein anderer lässt sich nur umständlich ausdrücken. Wenn es zum Beispiel keine Leideform gibt, rückt in jedem Satz der Täter ins Zentrum. Also nicht: Die Frau wurde ermordet, sondern »jemand« hat die Frau ermordet. Kennt man den Jemand nicht, wird leicht ein »die« daraus: »Die haben die Frau ermordet.« Wer »die« sind, kann sich dann jeder selber denken – eine Eigenheit der Sprache, die es Paranoikern immerhin leicht macht, sich mitzuteilen.

Dass man in den südslawischen Sprachen schließlich auf die Reihenfolge von Ereignissen nicht acht gibt, kann man, wenn man will, mit einem dem unterschiedlichen Zeitempfinden des Westens und des Ostens erklären. Für Westeuropäer »verstreicht« Zeit wie in einer Sanduhr. Im Osten dagegen beschreibt die Zeit – wie die analoge Uhr – einen Zyklus. Alles kommt immer wieder, wie die Jahreszeiten und der morgendliche Sonnenaufgang. Kehren Ereignisse aber ohnehin immer wieder, so ist die Reihenfolge nicht so wichtig. Was heute ist, muss man nicht unbedingt mit dem begründen, was gestern war. Umgekehrt geht es genauso. Kausalität gibt es in diesem Zeit-Bild ebenso wenig wie Fortschritt. Der bosnisch-kroatische Schriftsteller Miljenko Jergović hat in seinem Roman »Das Walnusshaus« das zyklische, »östliche« Zeiterleben zum Konstruktionsprinzip gemacht und, allen kausalen Erklärungen der Geschichte zum Hohn, die Chronologie einfach auf den Kopf gestellt. Und auch wenn der Traum in die Wirklichkeit einbricht, klingt es im Kroatischen nicht so phantastisch wie im Deutschen.

Balkan, Beach und Berlusconi

Was aus dem jugoslawischen Erbe geworden ist

Auf Ruinen ein neues Gebäude zu errichten ist nicht einfach. Zwar liegen überall Steine herum, die man für den Neubau gebrauchen kann. Hier und da ragt noch eine Säule in den Himmel, oder es steht unvermittelt noch eine ganze oder eine halbe Wand. Anfangs nutzt man die alten Teile vielleicht, um eine Hütte anzubauen. Ein Glockenturm wird zum Kamin oder umgekehrt. Aber später, wenn das Gebäude größer wird, erweist sich ein Pfeiler doch als brüchig, muss hier und da eine Wand eingerissen werden – kein leichtes Unterfangen, und manchmal muss auch etwas neu Gebautes dabei wieder weichen. Es gibt keinen Plan und keinen Architekten. Nie weiß man, was hält und was nicht. Dass ein solches Gebäude aber irgendwann Bestand haben kann, wenn man es geschickt anstellt, zeigt die Altstadt von Split. Sie ist aus den Ruinen eines riesigen Palastes entstanden, den sich der römische Kaiser Diokletian gebaut hat. Heute ist die Altstadt ein schräges und skurriles, aber charmantes und haltbares Gesamtkunstwerk.

Jugoslawien, Jugoslawien? War da nicht mal was?

Die Gesellschaften mancher Ostblockländer galten nach dem Fall des Kommunismus als Trümmerwüsten. Mit der Macht der Partei zerfielen auch die Institutionen und sogar der gesellschaftliche Zusammenhang, soweit er über die engeren Kreise von Familie und Nachbarschaft hinausging. Die »werktätigen Massen« von einst fanden sich als vereinzelte Individuen wieder: Alle mussten sehen, wo sie blieben, wenige hatten einen Kompass. Jugoslawiens Gesellschaft dagegen glich nach dem Fall des Kommunismus und vor dem Ausbruch der Kriege weniger einer Trümmerwüste als einer Ruinenlandschaft. Auch in Kroatien war manches total zerstört, zum Beispiel das System der »gesellschaftlichen Betriebe«. Manches war aber auch stehengeblieben und voll intakt und wurde nur neu angestrichen. Bis zu einem gewissen Grade gilt das sogar für die Macht der Partei. Zwischen 50 000 und 70 000 Parteimitglieder wechselten 1990 und 1991 direkt von den Kommunisten zur neuen »Kroatischen Demokratischen Gemeinschaft« unter Franjo Tudjman. Die bemächtigte sich, ganz im alten Stil, bald der einzigen kritischen Tageszeitung im Lande, *Slobodna Dalmacija* (Freies Dalmatien) in Split und setzte einen neuen Chefredakteur ein. Den kannten die kritischen Journalisten schon. Früher hatte der Mann seinen Kollegen immer empfohlen, doch öfter ins Gebäude des Zentralkomitees zu gehen und dort mit den Genossen zu reden. Jetzt empfahl er, öfter mal bei der neuen Regierungspartei reinzuschauen. Das fiel umso leichter, als die im selben Gebäude saß wie einst das ZK. »Und«, ätzten die Kollegen, »hinter den Schreibtischen dort sitzen auch noch dieselben Leute«.

Jugoslawien genoss in den Augen seiner Bürger, die Kroaten eingeschlossen, mehr Legitimation als die DDR, und der Kommunismus stand in höherem Ansehen als in Polen oder der Tschechoslowakei. Das Regime setzte sich nicht schon dadurch ins Unrecht, dass es seine Bürger allesamt in seinen Grenzen einsperrte. Auch sein Antifaschismus war nicht bloß die hohle Legitimationsideologie einer moskauhörigen Elite. Es waren wirklich die Partisanen gewesen, die Jugoslawien von den Besatzungsmächten befreit hatten. Später wurden auf die Erinnerung an den antifaschistischen Kampf viel zu viele Hypotheken gezogen. Aber die Parole von der »Brüderlichkeit und Einheit« der »Völker und Völkerschaften« Jugoslawiens entsprach einer echten Stimmung, einem wirklichen Wunsch.

Tito, Partei- und später auch Staatschef bis zu seinem Tode im Jahr 1980, war der Che Guevara der Kriegsgeneration. Jahrelang war der verwegene Partisanenführer eine Art Chimäre gewesen. Er lebte im Wald und entkam seinen Häschern immer wieder. Eine Zeitlang wurde darüber gerätselt, ob es ihn wirklich gab oder ob »Tito« bloß eine verschlüsselte Parole war. In seinem Geburtshaus in Kumrovec, einem Dörfchen an der kroatisch-slowenischen Grenze, hängt an der Wand ein langes Zitat von Heinrich Himmler, mit dem der SS-Häuptling dem fintenreichen Partisanenführer seinen Respekt zollt und sich wünscht, »wir hätten auch so einen wie ihn«. Es war der Stoff für einen wirkungsvollen Mythos. Später gab Tito als Partner der Großen der Welt allen Jugoslawen ein Stück Selbstachtung. Selbst im Alter glich er eher Fidel Castro als Erich Honecker.

Wenn es einen »Eisernen Vorhang« gab, verlief er zwischen Jugoslawien auf der einen und Ungarn, Rumänien und Bulgarien auf der anderen Seite. Jugoslawien war auch innerlich freier als die Warschauer-Pakt-Staaten. Abweichende Meinungen wurden bis zu einem gewissen Grade toleriert. Man durfte reisen, und in den großen Städten und am Meer konnte man westliche Zeitungen kaufen. Dissidenten, soweit sie der KP entstammten, mussten in der Regel nicht oder nur für kurze Zeit ins Gefängnis und durften danach dann irgendwo im halb- oder vorpolitischen Raum, zum Beispiel in einem Institut, weiter agieren. Es gab echte Wahlen, wenn auch nur zwischen Personen, nicht zwischen Parteien. Nur Tito selbst war »Präsident auf Lebenszeit« und von jeder Kritik ausgenommen. Der sorgsam austarierte Vielvölkerstaat brauchte für seine Konflikte einen unangefochtenen Schiedsrichter.

Jugoslawien war auch nicht bloß ein Staat, wie die DDR, sondern ein bisschen auch eine Gesellschaft mit eigenen Standards. Man konnte sich öffentlich positionieren. Wer seinen eigenen Kopf und seine eigenen Ideen hatte, musste deshalb nicht gleich zum Regimegegner werden oder in die innere Emigration flüchten. Die Firmen standen meistens nicht im staatlichen, sondern im »gesellschaftlichen« Eigentum und konkurrierten in Grenzen miteinander.

Eine Jugend mit »Weißem Knopf« und »Dreckigem Theater«

Es gab Entwicklungen, Trends, Strömungen, Bewegungen, Moden, die in keinem Fünfjahresplan standen und von keiner Parteikonferenz ins Leben gerufen wurden. Die Maler an der Adria hatten ihren eigenen Markt; kein Parteirat musste über ihre Ausstellungen entscheiden. Als erster jugoslawischer Regisseur holte der Bosnier Emir Kusturica sich in Cannes die »Goldene Palme«. Ihm folgten die Serben Srdjan Karanović und Goran Marković sowie der Kroate Rajko Grlić. Die Jugend frönte dem »Jugo-

Rock«. Die populären Bands nannten sich »Dreckiges Theater«, »Weißer Knopf«, »Rauchen verboten« oder »Fischsuppe«. Beim Hajduken-Brunnen im Belgrader Park Košutnjak fand 1977 sogar ein »jugoslawisches Woodstock« statt. Legendär waren – besonders die Zagreber – Animationsfilme und Comic Strips. Kaum jemand in Deutschland weiß, dass auch die Micky-Maus-Epigonen Fix & Foxi von einem Adepten der Zagreber Schule kreiert und gezeichnet wurden: dem »jugoslawischen Walt Disney« Walter Neugebauer. Der Jazzpianist Matt Collins wurde, als er noch Karlo Metikoš hieß, von französischen Touristen entdeckt und setzte sich dann in den Pariser Charts vor Sylvie Vartan und Johnny Halliday. Ivo Robić aus Bjelovar und Dunja Rajter aus Našice wurden in Deutschland zu Stars.

Es gab eine eigene Pop-, Konsum- und Beach-Kultur, auch, aber nicht nur nach westlichem Muster. Kroatische Punks trugen sogenannte *Amigo*-Stiefel, kroatische Schwule gingen ins *Bakhus*, eine Kellerkneipe am Zagreber Tomislav-Platz. Die Welt kam ins Haus: Auf dem Belgrader Jazzfestival traten Duke Ellington, Miles Davis, Ray Charles, Sarah Vaughan, Muddy Waters und Chick Corea auf. In einem Szenecafé in Split spielten Dire Straits und Wishbone Ash. Im Fernsehen konnte man den *Denver-Clan* gucken, dessen Hauptdarstellerin übrigens serbischer Abkunft war, oder die hausgemachte Seifenoper »Besseres Leben«, deren Titel später Pate für etliche Wahlkampfslogans in den Nachfolgerepubliken stand. *Cockta*, ein slowenisches Colagetränk aus Hagebutten, ist heute ein internationales Kultprodukt und wird in 80 Millionen Flaschen verkauft.

Man konnte nicht nur hören und trinken, sondern auch lesen, was man wollte. Am Strand und am Zagreber Hauptbahnhof gab es *Bild* und die *FAZ*, *Le Monde* und den *Corriere della Sera*. Die Jugend las *Ciao*, die jugoslawische *Bravo*, und *Erotika*, die Zagreber »Zeitschrift für Kultur und Kunst der Liebe«, erfreute mit Softporno-Reportagen aus Hamburg oder Thailand frustrierte Männer. Aber auch die politische Presse besaß noch zu jugoslawischer Zeit eine Freiheit, die in den Ostblockländern unerhört gewesen wäre. Während der Tudjman-Ära versicherten die Journalisten immer wieder, zu Zeiten des letzten jugoslawischen Regierungschefs Ante Marković hätten sie mehr Freiheit genossen als jetzt. Man konnte sogar Blattmachererfahrungen sammeln: Das Zagreber Magazin *Start* versammelte alles, was sich

Der Guerilla-Häuptling als Grandseigneur: Gemeinsam mit seinem Lebenszeit-Präsidenten Josip Broz, genannt Tito (1892–1980), wurde ganz Jugoslawien alt, bis es am Ende mit ihm starb.

später im kroatischen Journalismus Rang und Namen erwerben sollte. Nichts musste nach 1990 ganz neu erlernt, nichts von ganz unten aufgebaut werden. Aber die Beständigkeit, die die Trümmer des alten Regimes aufwiesen, erwies sich nicht immer als Segen, wie man an der kroatischen Presse von heute ablesen kann.

Ein Journalistenmord in Zagreb

Wer von Journalistenmorden in Osteuropa hört, denkt an die Russin Anna Politkowskaja, die unerschrockene Kämpferin gegen den Autokraten Wladimir Putin, die vor ihrem Haus in Moskau von Unbekannten erschossen wurde. Zwei Jahre danach, im Oktober 2008, ging im Hof hinter der Theologischen Fakultät in Zagreb, in einem besonders idyllischen Winkel der Stadt, eine Bombe hoch und tötete den Verleger und Journalisten Ivo Pukanić.

Auf den ersten Blick glichen sich die Fälle. Auch Pukanić hatte – wenigstens bis vor einiger Zeit – gegen einen Autokraten gestritten: gegen den Präsidenten Franjo Tudjman, der kritische Journalisten zwar nicht erschießen und auch nicht verhaften ließ, aber mit Geldstrafen ruinierte. Wie Politkowskaja in Russland hatte Pukanić in Kroatien und auf dem ganzen Balkan mit spektakulären Enthüllungen von sich reden gemacht. Sein Wochenblatt *Nacional* deckte auf, dass Tudjmans Leute dem Lieblingsfußballklub ihres Präsidenten mittels Schiedsrichterbestechungen zur Meisterschaft verholfen hatten – eine tolle Geschichte, die die Reputation des Staatsgründers viel nachhaltiger beschädigte als etwa das Urteil, das internationale Wahlbeobachter über Tudjmans letzten Wahlgang gefällt hatten. Aber dem lässigen Kroaten Pukanić fehlten die ernste Entschlossenheit und das Sendungsbewusstsein der Politkowskaja. In Zagreb sagte man: Er kannte keine Berührungsängste und hatte keine ideologischen Scheuklappen. Pukanić spürte zum Beispiel den flüchtigen Tudjman-General Ante Gotovina auf und interviewte ihn. Seine journalistische Leidenschaft traf auch den serbischen Reformpremierminister Zoran Djindjić, der in seinem Wochenblatt mit einer groß aufgemachten Geschichte der Verwicklung in den Zigarettenschmuggel bezichtigt wurde.

Der Mord an Ivo Pukanić erschütterte das Land. Zu Lebzeiten hatte der coole Journalist seine Mitbürger mit spektakulären Enthüllungen unterhalten.

Aber Kroatien ist nicht Russland, und das ist in diesem Falle einmal kein Kompliment. Die vertrauten Aufstellungen: hier der korrupte oder autoritäre Politiker, dort der kritische Journalist, sind manchmal bloß Kulisse. Weil die Kroaten das wissen oder zumindest ahnen, blieb das ganze Land mit der Deutung des Mordes an Ivo Pukanićs sehr, sehr vorsichtig.

Alle hatten das Opfer irgendwie gekannt. »Puki«, wie man ihn nennen durfte, war nicht nur Anreger, sondern auch Gegenstand intensiver Berichterstattung. Den ganzen Sommer vor seinem Tode hatte eine Affäre Pukanićs die Society-Seiten beherrscht: Puki hatte seine Ehefrau in die Psychiatrie einweisen lassen. Halb Zagreb sah darin den Willkürakt eines wildgewordenen Macho, die andere Hälfte schlug sich auf die Seite des mutigen Aufdeckers. Der Fall spaltete das einflussreiche Helsinki-Komitee, die große Autorität in Menschenrechtsfragen. Sogar Staatspräsident Stipe Mesić, langjähriger Freund und Gönner von Puki, musste sich äußern und erklärte den Konflikt im Hause Pukanić zur »Familienangelegenheit«.

In der städtischen Szene von Zagreb, die den ganzen Sommer in den eleganten Rattansesseln auf der Berislavićeva-Straße und am Blumenplatz sitzt, Kaffee trinkt und Kontakte knüpft, kannte jeder Puki persönlich. Auch weniger berühmte Journalisten können an den Straßencafés nicht vorbeigehen, ohne zehn bis zwanzig Freunde zu begrüßen. Der Bekanntschaft mit Puki konnte sich erst recht jeder rühmen. Der großgewachsene Mittvierziger kam daher wie ein lockerer Student, trug mit Vorliebe Baseballkappe, Jogginganzug und einen iPod im Ohr und baute niemals Distanz auf. Jeden wollte er kennenlernen, jeden nahm er ernst, jedem hatte er etwas zu erzählen. Mit dem Präsidenten war er auf Du und Du, aber auch mit dem Premierminister und dessen Vorgänger, mit mehreren Parteichefs und Ministern. Sie mochten ihn, weil er unverstellt redete und nie ein Blatt vor den Mund nahm. Auch mit den vielen »umstrittenen Geschäftsleuten« aus dem Zwischenreich von Politik und Business, an die *Nacional* die vielen »Sonderschwerpunkte« und Sympathieinterviews im zweiten Teil des Hefts verkaufte, verstand Puki sich prächtig. Das Einvernehmen trug Früchte – vorwiegend faule, wie sich nach und nach herausstellte.

Hypersensationell und turbo-exklusiv

Die Presse in Kroatien ist ein überhaupt trauriges Kapitel: grafisch großartig und im Inhalt erbärmlich. Die beiden größten Tageszeitungen, *Večernji list* (Abendblatt) und *Jutarnji list* (Morgenblatt) unterscheiden sich in der politischen Ausrichtung, nicht aber im schrillen Boulevardstil, in der dünnen Information und, anders als der Name vermuten lässt, auch nicht in der Tageszeit ihres Erscheinens. Wer sich ernsthaft über das Geschehen im Land und in der Welt informieren will, muss lange suchen. Analyse oder nur Auslandsberichterstattung finden kaum statt. Ein Abosystem gibt es nicht. Das einstige KP-Organ *Vjesnik* (Der Bote), das eigentlich als Qualitätsblatt gedacht war, musste immer die Regierungslinie vertreten. Es verlor deshalb bei den letzten drei Machtwechseln jeweils ein Gutteil seiner Leser und Redakteure und hat sich inzwischen dem Trivialstil der anderen Blätter angepasst, ohne freilich die erbärmlichen Auflagenziffern zu steigern. Qualität gedeiht allenfalls in Nischen ein wenig: So haben sich manche seriöse Journalisten zu *Novi list* geflüchtet, einer Regionalzeitung aus Rijeka, deren privater Eigentümer sich in der Redaktion nicht einmischt. Dass es in Kroatien keine ernstzunehmende Presse gibt, ist nicht nur für informationshungrige Bürger ein Unglück. Es verdirbt vielmehr die ganze Szene. In Belgrad geben die beiden seriösen Tageszeitungen *Politika* und *Danas* (Heute) der Debatte den Takt vor und üben damit auch auf die dortigen Skandalblätter eine Wirkung aus.

Wenn die Intellektuellen über die »Berlusconisierung« Kroatiens klagen, meinen sie meistens die Zeitungen. Als Grund für die Misere der kroatischen Tagespresse hört man in der Regel, der Markt sei zu klein. Aber sogar im halb so großen Slowenien erscheint täglich eine Qualitätszeitung. Richtig ist an dem Argument wohl nur, dass man in einem kleinen Land mit Zeitungen nur dann viel Geld verdienen kann, wenn man die Nichtleser gewinnt. Nur acht Prozent der Kroaten lesen überhaupt eine Tageszeitung. Für die anderen hat der Grazer Styria-Verlag, Eigentümer des konservativen Zagreber »Abendblatts«, eine Zeitung gegründet, die das Niveau noch unterschreitet: *24 sata*, »24 Stunden« heißt das Produkt eines weltweit führenden Mediendesigners, das der katholischen Styria wegen seiner Schlüssellochgeschichten, seinem Schmuddelsex, seiner Aggressivität und der vulgären Sprache schon mehrfach Ärger mit dem Grazer Bischof eingetragen hat.

Tonangebend ist in Kroatien die Wochenpresse, wo auch Ivo Pukanić sich tummelte. Der 1991 gegründete *Globus*, Pukanićs vorherige Wirkungsstätte, wird in sagenhaften 110 000 Exemplaren verkauft. Die Leitidee des Pionierblattes, jedes noch so komplexe Thema als »hypersensationelle« oder »turbo-exklusive« Enthüllung zu verkaufen und den chronisch aufgeregten Politikteil mit schlecht getarnter PR zu ergänzen, hat inzwischen auf dem ganzen Balkan Schule gemacht. Und nicht nur dort: *Globus* stand auch bei der Gründung der Wiener »Info-Illustrierten« *News* Pate. Anfangs, im Krieg, beteiligte sich das Blatt an der Stimmungsmache gegen Andersdenkende – wie gegen vier bekannte weibliche Intellektuelle, die als »Hexen« porträtiert wurden, die »das Land im Stich gelassen« hatten oder »mit einem Serben verheiratet gewesen« waren. Nach dem Krieg aber erwarb sich der *Globus* auch Verdienste. So konfrontierte er als erste Zeitung die Kroaten mit Massakern, die die eigenen Leute an Serben verübt hatten. Der Journalist Željko Peratović machte die organisierten Morde an Serben in der Kleinstadt Gospić publik. Aber jede Woche ein ganzes Land zum Erzittern zu bringen ist nicht einfach. Eine Zeitlang präsentierte *Globus* Woche für Woche einen neuen Politiker, der sich eine begehrte Zagreber Innenstadtwohnung unter Wert unter den Nagel gerissen hatte. Eine Weile dann nährte das Blatt, inzwischen im Magazinformat, auch den Kitzel, der mit dem Wiederauftauchen alter Ustascha-Kämpfer verbunden war, oder es schlachtete einfach Verhandlungsprotokolle des Haager Kriegsverbrechertribunals aus.

1995, im letzten Kriegsjahr, spaltete sich die *Globus*-Redaktion auch noch. Ein Teil der Belegschaft, unter ihnen der einstige Society-Fotograf und damalige Klatschreporter Pukanić, gründete ein Konkurrenzprodukt, das dem Mutterblatt aufs Haar glich. Wo der *Globus* sich im Untertitel »Nationales Wochenblatt« nennt, nennt sich das Konkurrenzmagazin *Nacional* im Untertitel eben »Globales Wochenblatt«. Aus welcher der beiden Zeitungen eine herausgerissene Seite stammt, kann niemand sagen. Aber wo der eine *Globus* sich schon schwer getan hatte, jede Woche einen republikweiten Skandal zu finden, taten zwei sich nun umso schwerer. *Nacional* strauchelte schnell, kam dann aber auf die Beine, als der bis dato unbedeutende Puki plötzlich einen

Haufen Geld herbeizauberte und die Zeitung kaufte. Woher das Geld stammte, wurde nie geklärt. Pukanić verwies auf eine Erbschaft. Die Konkurrenz tippte dagegen auf den »umstrittenen Geschäftsmann« Hrvoje Petrač, einen von Pukis vielen Freunden.

Aber Puki brachte nicht nur Geld, er hatte auch Talent. Die Enthüllungen, die *Nacional* von nun an präsentierte, lasen sich großartig. Dass die Geschichten selten bewiesen waren, schrieb die Öffentlichkeit gern der allgemeinen Intransparenz zu, die Enthüllungsjournalisten die Arbeit so erschwere. Es hagelte Klagen wegen übler Nachrede. Die Gerichte erwiesen sich als überfordert. Wurden die Klagen abgewiesen, galt das als Bestätigung für die Wahrheit der Geschichte, wurde ihnen stattgegeben, als politische Verfolgung – was durchaus auch zutreffen konnte. Eine Instanz, die bei den großen Enthüllungen wirklich die Spreu vom Weizen trennte, gab es nicht. Von den vielen Affären, die Kroatiens Wochenblätter aufgedeckt oder erfunden haben, wurde keine einzige abschließend geklärt. In Tudjmans letztem Lebensjahr, 1999, bekam Pukanić ernsthaften Ärger mit dessen Kanzlei. Nur der Tod des Präsidenten und der folgende Machtwechsel retteten *Nacional* vor dem Ruin. Mit Tudjmans Nachfolger verstand sich der Verleger hervorragend. Als der neue Präsident Stipe Mesić aus dem Archiv kompromittierende Gespräche und Telefonate seines Vorgängers in die Öffentlichkeit lancierte, wurde Puki mit Material so reich beschenkt, dass er zu seiner Veröffentlichung zeitweise sogar eine eigene Tageszeitung unterhielt.

Keiner weiß mehr, was stimmt und was nicht

Schon die erste große *Nacional*-Enthüllung um Tudjmans Betrug mit dem Fußballklub Croatia Zagreb wurde nie bewiesen. Von der Wende des Jahres 2000 an wurden die Titelstories dann zunehmend unbeweisbar. Der Fokus wanderte von der Politik immer mehr in die Geschäftswelt, zu den neureichen Tycoons, die mit Privatisierungen der neunziger Jahre groß geworden waren – immer mit der spezifischen Mischung aus Kritik, Kitzel und Bewunderung. »Umstrittene Geschäftsleute«, aber auch maskierte Schmuggler kamen im Interview vor. Auf Doppelseiten wurden die »gefährlichen Verbindungen« im organisierten Verbrechen grafisch dargestellt. Über die Szene konnte man vieles schreiben.

Immer wieder war es Pukanić selbst, der die Kontakte knüpfte. Dem offenen, unkomplizierten Puki, der immer Klartext redete und nie ein Blatt vor den Mund nahm, öffnete man sich gerne. Er schrieb, was man ihm sagte. Hinter keiner seiner großen Enthüllungsgeschichten stand wirklich ein Ermittlerteam aus investigativen Journalisten, die widersprechende Meldungen aus unterschiedlichen Quellen gegeneinander abgewogen, nachrecherchiert und gegengecheckt hätten. Sie verdankten sich vielmehr alle einer einzigen Quelle – und meistens einer, die an der Veröffentlichung ein eigennütziges Interesse hatte. Kronzeuge für die zweifelhaften »Enthüllungen« über Zoran Djindjić zum Beispiel war ein untergetauchter Zigarettenschmuggler, der nach wie vor im Geschäft war. Und zu seinen engeren Freunden durfte Puki einen *kontroverzni businessman* aus Montenegro zählen, der allen Grund hatte, sich vor Djindjićs Kampf gegen das organisierte Verbrechen zu fürchten.

Die schamlose PR, die auf den hinteren Seiten der bunten Blätter schon von Anfang an Platz hatte, wanderte zunächst in den Mittelteil, wo die großen politischen und wirtschaftlichen Stories standen. Viele glauben, dass das Virus inzwischen auch noch weiter nach vorne gewandert ist: in Nachrichten und Kommentare. Besonders bei *Nacional*, wo der Eigentümer Pukanić zugleich immer der journalistische Kopf des Blattes blieb, fiel auf, dass bestimmte Politiker stets geschont wurden: Staatspräsident Mesić, aber auch der Zagreber Bürgermeister Milan Bandić, ein Sozialdemokrat, und der Volkspartei-Chef Radimir Čačić. Puki selbst schrieb wöchentlich einen Leitkommentar, mit dem er gern einen angeblich korrupten oder unfähigen Amtsträger aufs Korn nahm. Schlüssiges Argumentieren war nicht seine starke Seite, und so blieb den Lesern meistens unklar, warum es ausgerechnet diesen oder jenen getroffen hatte. Ein Zagreber Geschäftsmann wartete auch mit einer Deutung für die unermüdlichen Kaffeehaustouren des Zeitungszaren auf: Puki habe nicht nur viel zugehört, sondern auch viel erzählt – zum Beispiel, worüber seine Leute gerade »recherchierten«. Da sei mancher Freund bleich geworden. Über etwas nicht schreiben und dafür kassieren heißt in der Fachsprache *medijski reket*. Es ist das perfekte Verbrechen, denn nachweisen lässt es sich nie.

Was in *Nacional* stand, war nicht Wirklichkeit, konnte es aber werden. Die Berufsleser in den Zagreber Cafés begannen bald, auf Zeitungsränder und Papierservietten ihre eigenen Versionen von den Grafiken zu zeichnen, die sie allwöchentlich in *Globus* und *Nacional* bestaunen konnten. Diesmal aber unter Einschluss der Journalisten, und besonders dicke Striche mit Pfeilen wurden zwischen Stipe Mesić, Ivo Pukanić und dem kriminellen Tycoon Petrač gezogen. Ein anderes Netz umgreift meistens die politische Rechte um ehemalige Tudjman-Leute, einige prominente Anwälte und als Spinne den früheren Vizeverteidigungsminister und späteren Immobilienhai Vladimir Zagorec. Was daran stimmt, lässt sich nicht nachprüfen. Umgekehrt kann man aber auch nicht die Kaffeehausanalytiker pauschal für Spinner halten. Die spekulativen Geschichten hören sich nicht anders an als die wahren. Ein geübter Zeitungsleser fragt sich deshalb schon gar nicht mehr, ob die Geschichte, die er gerade liest, stimmt oder nicht. Er fragt sich, warum die Geschichte dort steht und warum ausgerechnet jetzt, wer sie bestellt hat oder warum dieser oder jener darin nicht vorkommt. Fragen nach dem Wahrheitsgehalt gelten als naiv. Es gibt immer eine Wahrheit hinter der Wahrheit, und am Ende zählt nur, was mir am meisten nützt.

Die Verquickung von Politik, Geschäft, organisiertem Verbrechen und Journalismus ist keine kroatische Spezialität. In Serbien, wo alle kroatischen Kriegs- und Nachkriegsdeformationen sich noch ein Stück krasser herausgebildet haben, werden ganze Zeitungen von immer denselben Geheimdienstkreisen mit Mitteilungen über die Konkurrenz gefüllt. Gangsterbosse wurden zeitweise ganz offen interviewt, legten ihre politischen Vorlieben dar und bekriegten einander sogar mit richtigen Presseerklärungen. Man hätte die »Unterweltkriege« für mediale Hirngespinste halten können, wenn es dabei nicht reale Tote gegeben hätte. Im Frühjahr 2003 wurde in Belgrad der Premierminister von einem der öffentlich agierenden Verbrecher ermordet. In Zagreb ließ das Erwachen fünf weitere Jahre auf sich warten. Die Bombe, der Ivo Pukanić und sein Marketingchef zum Opfer fielen, traf ins Zentrum des Systems.

Kroatien ist ansonsten keineswegs der »wilde Osten«, für den man es als Zeitungsleser halten muss. Auf jeden Einbruch hier kommen, an der Bevölkerungszahl gemessen, in Deutschland deren drei. Vergewaltigungen sind in Kroatien vier Mal seltener als in Deutschland, auch wenn man hier eine höhere Dunkelziffer wird in Rechnung stellen müssen. Aber selbst im friedlichen Slowenien ist die Rate deutlich höher. Wer aus Angst, dass ihm das Auto gestohlen wird, nicht nach Kroatien fährt, schießt sich selbst ins Knie, denn die Gefahr, dass der Wagen einem abhanden kommt, ist nach der Statistik in Deutschland drei Mal so hoch wie Kroatien. Nur die Mordrate ist tatsächlich doppelt so hoch wie in Deutschland und sogar etwas höher als in den USA.

Die professionellen Killeraktionen wie die gegen Pukanić und auch die sinnlosen Aggressionsakte von Jugendlichen, die die Öffentlichkeit so stark bewegen, sind unter den Morden allerdings die Ausnahme. Es überwiegen die Beziehungstaten – wie der Amoklauf eines Heizungsmonteurs, der im Krieg über eine berüchtigte Spezialeinheit zum Generalmajor aufgestiegen war und dann, dreizehn Jahre nach Friedensschluss, vier Angehörige und zuletzt sich selbst erschoss. Unter den Tätern finden sich immer wieder ehemalige Soldaten, bei denen die »posttraumatische Belastungsstörung« (*Post Traumatic Stress Disorder* – PTSD) diagnostiziert wird. Vier bis fünf Prozent der Bevölkerung, erläutert der Zagreber Psychologieprofessor Dean Ajduković, seien im Krieg traumatischen Erlebnissen und extremem Stress ausgesetzt gewesen. Wie in allen anderen Kriegen habe auch in Kroatien etwa jeder fünfte von diesen Traumatisierten die Störung entwickelt. Meistens äußert PTSD sich in Schlaflosigkeit, erläutert Ajduković, der über die psychischen Folgen des Krieges in Kroatien geforscht hat, oder in »traumatischer Erinnerung« mit häufigen *flash backs*: Man erlebt die schlimme Situation in der Vorstellung immer wieder. Einige wenige dieser Opfer werden dann selbst gewalttätig, so wenige allerdings, dass sich eine statistische Zahl nicht nennen lässt. Die hohe Mordrate will Ajduković mit diesen Fällen jedenfalls nicht erklären. Sie habe eher damit zu tun, dass nach dem Krieg verhältnismäßig viele Waffen in privaten Haushalten gelandet sind, meint der Psychologe.

Die große Grauzone

Nicht in der Gewaltkriminalität und in den offenen Eigentumsdelikten liegt Kroatiens großes Problem, sondern in der großen Grauzone zwischen Recht und Unrecht, da also, wo zum Beispiel der Verleger Ivo Pukanić sich bewegte. Grauzonen dieser Art sind überall da entstanden, wo nach der Zeitenwende des Jahres 1990 Gemeineigentum in Privateigentum zu überführen war. In Russland, Bulgarien, Serbien, Albanien und dem Kosovo, wo die Staatsmacht ganz oder fast ganz zusammenbrach, bildeten sich einflussreiche Verbrecherkartelle, die mit Drogen, Waffen und Menschen handelten und das schwarz erwirtschaftete Geld dann erfolgreich für legale Investitionen nutzten. Über Privatisierungen fassten sie im zivilen Geschäftsleben Fuß, manchmal einfach mit ihrem vielen Geld, meistens aber über Bestechung und Erpressung. Kroatien ist von dem Übel nicht verschont geblieben. »Die organisierten Verbrecher sind tief in die normale Wirtschaft eingedrungen«, sagt der Dekan der Jura-Fakultät von Zagreb und frühere Vorsitzende der kroatischen Sektion von *Transparency international*, Josip Kregar. »Und ihre kriminellen Methoden haben sie beibehalten.«

Aufgetan hat sich die Grauzone mit dem Krieg und der »Tycoonisierung« der neunziger Jahre. Als die Kämpfe ausbrachen, verhängten die Vereinten Nationen über das ganze frühere Jugoslawien ein Waffenembargo. Es galt für alle Kriegsparteien, wirkte sich aber unterschiedlich auf sie aus. Serbien und Bosnien verfügten über eine Rüstungsindustrie, Kroatien nicht. Unter dem Schlachtruf *Domovina zove!* (Das Vaterland ruft) sammelte die Zagreber Regierung Spenden, um sich Waffen auf dem internationalen Schwarzmarkt zu besorgen. Das kam niemandem unmoralisch vor; als unmoralisch galt dagegen das UNO-Embargo, das in den Augen der Kroaten Opfer und Täter gleich behandelte. Gastarbeiter spendeten ebenso wie Sympathisanten aus aller Welt, vor allem aber kroatische Geschäftsleute, die in Kanada, Australien oder den USA reich geworden waren. Das Geld landete meistens auf treuhänderisch geführten Konten in Österreich. Die Verwaltung der gesamten Kriegskasse oblag in Zagreb dem Vizeverteidigungsminister. Gefunden wurde für das delikate Amt ein junger Landvermesser und Mitinhaber eines Jagdwaffenladens mit guten Beziehungen ins nahe Kärnten: Vladimir Zagorec, ein smarter, katzenhaft geschmeidiger Mann, der in den folgenden Jahren vom Schreibtisch aus zu höchsten Generalsehren aufstieg. Als Tudjman starb, seine Berater das Weite suchten, die Sozialdemokraten an die Macht kamen und die mutige neue Verteidigungsministerin die undurchsichtige Szene zu durchleuchten begann, floh Zagorec nach Wien, ins Land seiner Konten, und baute sich von dort aus mit Hilfe alter Kameraden und österreichischer Banken in Kroatien ein Immobilienimperium auf. Sieben Jahre brauchte die Regierung in Zagreb, bis sie endlich von Österreich die Auslieferung verlangte, die nach langem Hin und Her dann auch erfolgte.

Waffenhandel und Schwarzgeld trafen im Kroatien der neunziger Jahre auf eine Szene, die krummen Geschäften wenigstens nicht abgeneigt war: auf die »Tycoons«, junge, smarte Leute, die schon reich waren und nun rasch noch reicher werden wollten. Ihren Reichtum verdankten sie in der Regel guten Kontakten zu Politikern der damals allmächtigen Regierungspartei von Franjo Tudjman, die ertragreiche Firmen aus dem gesellschaftlichen Eigentum direkt in ihre Hände privatisierten.

Die Linie auf dem kroatischen Weg zum Kapitalismus gab Präsident Tudjman persönlich vor. Unter Marktwirtschaft verstand der General und Historiker nicht etwa die Öffnung Kroatiens für anonymes, womöglich ausländisches Kapital. Der »kroatische Bismarck«, wie ein einflussreicher Journalist ihn taufte, wollte für sein Land auch eine stolze Reihe »kroatische Rockefellers«, wie er selbst einmal sagte. Selbst in allen wirtschaftlichen Fragen ahnungslos, bewunderte Tudjman den Typus des erfolgreichen Autoverkäufers und hielt solche Leute für am besten geeignet, die Nationalökonomie des neuen Kroatien anzuführen. Es ging Tudjman bei der Auswahl seiner Rockefellers um nationale Zuverlässigkeit und um das, was er aus seiner Offiziersperspektive für wirtschaftliches Talent hielt. Dass Interessenten von purer Raffgier geleitet sein könnten, lag wahrscheinlich außerhalb seiner Vorstellungskraft. Die höchste Gunst des Präsidenten verdiente sich Miroslav Kutle, sein Tennispartner, der fortan bei Privatisierungen besonders reich bedacht wurde und am Ende ein Imperium von 70 Firmen sein eigen nennen durfte. Der junge Mann aus der Herzegowina machte sich daran, die günstig erworbenen Firmen aufzuteilen und auszuschlachten, während die Republik auf den unprofitablen Anteilen sitzen blieb. Nicht alle endeten, wie Kutle nach der Wende, im Gefängnis. Ein politisch gut vernetzter Gemüsehändler namens Ivica Todorić wurde mit den Filetstücken der kroatischen Nahrungsmittelindustrie bedacht und ist heute mit einem Vermögen von geschätzten 700 Millionen Euro der reichste Mann Kroatiens. Unter ihren Landsleuten sind die falschen »Rockefellers« herzlich unbeliebt. Es werde wehtun, wenn die Kroaten dereinst von den eigenen Leuten bestohlen würden, hat in den siebziger Jahren der kroatische Emigrant Bruno Busić gesagt. Vor allem ist es lehrreich.

Soweit sie im Glück geblieben sind, haben die kroatischen Tycoons ihre guten Beziehungen zur Politik erhalten und ausgebaut. Nach der Wende des Jahres 2000 drohte die neue, sozialdemokratisch geführte Regierung damit, die merkwürdigen Privatisierungen der neunziger Jahre einer Prüfung zu unterziehen. Es blieb bei einem Versuch, der ausgerechnet die sensible Medienszene zum Gegenstand hatte und gründlich missglückte. Seither gestaltet sich das Verhältnis von Regierenden und Privatisierungsgewinnlern zum gegenseitigen Vorteil wieder herzlich. Wer seinen Reichtum mit Hilfe der Politik gewonnen hat, muss aufpassen, dass die Politik ihm den nicht wieder nimmt. Das lässt sich mit großzügigen Spenden nach allen Seiten erreichen, aber auch so, dass man selbst in die Politik geht. Der Tycoon Željko Kerum zum Beispiel, Inhaber einer großen Supermarktkette, gründete mit viel Geld eine Partei und trat in seiner Heimatstadt Split erfolgreich zur Wahl an. Sein Ziel war eigentlich nicht gewesen, eine Mehrheit zu erreichen; es genügte ihm, als Zünglein an der Waage von beiden Großparteien umworben zu werden. Er wurde Bürgermeister. Fragt man in Split, wer die Stadt regiere, kriegt man immer dieselbe Antwort: die Neureichen.

Leute wie Željko Kerum, die ihren Reichtum und ihren Machtanspruch offen ausstellen, gehören seit jeher zu den Stars auf den hinteren Seiten der Magazine, vor allem von Pukis *Nacional*. Man erfährt, was für Autos sie fahren und wie lang ihre Jacht ist, ob sie Golf spielen, wie sie über Partnerschaft, Promis und Politik denken, wen sie mögen und wen nicht. Sich als glücklich, mächtig und unangreifbar zu präsentieren schmeichelt nicht nur der eigenen Eitelkeit, es hat auch seinen wirtschaftlichen Sinn: Wer gut vernetzt und populär ist, läuft in der kroatischen »Machtwirtschaft« weniger Gefahr, irgendwann Opfer einer Buchprüfung, eines Betrugs- oder eines Korruptionsverfahrens zu werden. Und kann ungehindert zurückschlagen: Als *Globus* einmal einen kritischen Bericht über Kerum brachte, drohte der Tycoon, den Verkauf des Blattes in seinen Supermärkten einzustellen.

Was in der alten Gesellschaft seinen Platz hatte, konnte, wenn es bestehen blieb, in der neuen unversehens einen ganz anderen bekommen. Was früher am Rande gestanden hatte, fand sich unter Umständen im Zentrum wieder, eine Rigipswand wurde plötzlich zur tragenden. Nichts erzählt die Geschichte so schön wie das Schicksal der Hooligans.

Prügelnde Patrioten: die Fußball-Fanclubs

Gewalttätige Fußballfans sind nicht nur ein kroatisches Problem. Es gibt sie auch in Deutschland, England oder Polen, und hier wie dort setzen sie sich aus meist schlecht ausgebildeten und perspektivlosen jungen Männern zusammen. Es sind meistens, nicht immer, Menschen, die »am Rande der Gesellschaft« stehen. In einer Ruinenlandschaft, wie die postkommunistische Gesellschaft Kroatiens eine war, ist aber nicht klar, wo der Rand ist und wo die Mitte. Was – vielleicht zufällig – vom alten Gebäude stehengebliebenen ist, hat gute Chancen, die »neue Mitte« zu werden. In Serbien, wo alle kroatischen Entwicklungen noch krasser verlaufen sind, ist das wirklich passiert: Der Fanclub des Fußballvereins Roter Stern Belgrad formierte sich zur politischen Partei, zog ins Parlament ein und nominierte seinen Vorsitzenden, den vielfach vorbestraften Räuber, Schläger und Mörder Željko Ražnatović Arkan, zum Präsidentschaftskandidaten.

Ganz so weit haben es die kroatischen Fanclubs nicht gebracht, aber auf dem Weg dorthin sind sie schon ein paar große Schritte gegangen. Die *Bad Blue Boys*, wie die Anhänger von Dinamo Zagreb sich nennen, begreifen sich als eine patriotische Organisation und schreiben sich allen Ernstes auf die Fahnen, sie hätten »die Nation hervorgebracht« oder wenigstens für ihr »Erwachen« gesorgt. Trophäen aus den Stadionschlachten der achtziger Jahre, Dienstpistolen der Polizei, werden bis heute wie Reliquien ausgestellt und verehrt. Weil Kroatien damals zu Jugoslawien gehörte und es eine Nationalmannschaft nicht gab, übernahm die Zagreber Dinamo diese Rolle. Am 13. Mai 1990 begann die offene Gewalt zwischen Serben und Kroaten bei einem Fußballspiel zwischen Dinamo Zagreb und Roter Stern Belgrad – das Datum der Schlägerei wird von den Fans wie ein nationaler Gedenktag behandelt, ausführliche Beschreibungen der Schlachtordnung sind ins kollektive Gedächtnis eingedrungen. Auch auf der anderen Seite kämpften keine Klosterschüler: Roter Stern galt als der »nationale« der beiden großen Belgrader Klubs, und seine Fans wurden von Arkan angeführt. Vor dem Stadion steht eine Gedenktafel für die im Krieg gefallenen *Bad Blue Boys*. Nach Länderspielen auf Malta und in Budapest musste der kroatische Verband saftige Strafen an die Fifa zahlen. Trotzdem sind die Funktionäre zurückhaltend, wenn es darum geht, dem Hooliganismus die Stirn zu bieten. Es ist gefährlich. Fußball ist in Kroatien ein schwieriges Thema – ein nationales nämlich. Die Abrechnung mit den gewalttätigen Fans hat der Verband immer wieder vertagt.

Wer die Fans herausfordert, muss sich warm anziehen. Der Trainer von Hajduk Split, Luka Bonačić, wurde vor seiner Haustür zusammengeschlagen, nachdem er Spieler gegen die Aggressionen von Zuschauern in Schutz genommen hatte. Wie mächtig die Fans sind, musste einst sogar Franjo Tudjman spüren. Er wagte es, den »typisch östlichen« Namen des Zagreber Traditionsvereins in »Croatia« zu ändern. Und obwohl seine Partei die nationale Parademannschaft offen begünstigte, pfiffen die Fans den Präsidenten auf dem Zagreber Hauptplatz rüde aus – ein unerhörtes Sakrileg und zugleich der Anfang vom Ende der Autorität Tudjmans. Im Kampf gegen die Hooligans haben die Funktionäre nicht unbedingt die Mehrheit auf ihrer Seite. Hier das Kroatien, das sich ganz auf seine Kraft verlässt, dort das saftlose Europa, das »uns« Vorschriften machen will – so sieht die geistige Frontlinie aus, die die Fans gerne ziehen würde. Erst in jüngster Zeit trauen sich Politiker und Polizei, betrunkene Krawallmacher als das zu behandeln, was sie sind.

Die Fanclubs sind ein Erbe aus jugoslawischer Zeit. Damals waren sie Teil einer Subkultur. Als Staat und Partei zerfielen, blieben sie übrig und konnten das »Sub« streichen. Als im Lande noch die Partei und zwischen den Völkern »Brüderlichkeit und Einheit« herrschten, war die Mitgliedschaft in einem Fußball-Fanclub die einzige Gelegenheit, national und politisch Flagge zu zeigen, ohne anzuecken. In Belgrad gingen die überzeugten Jugoslawen zu Partizan, die überzeugten Serben zum Roten Stern. Zagrebs Dinamo war zunächst eine Art Staats- und Polizeiclub, der die meisten Mittel hatte und immer gewinnen musste, weshalb dem Verein nicht viele Herzen zuflogen. Erst als Jugoslawien zu zerfallen begann, wurde Dinamo zum kroatischen Nationalsymbol. Viel beliebter war der Traditionsverein Hajduk in der Hafenstadt Split. Seine Anhänger formierten sich schon 1950 zur *Torcida*, dem, wie sollte es anders sein, ältesten organisierten Fußball-Fanclub Europas. Die Idee soll den Fans bei der Fußball-Weltmeisterschaft in Brasilien gekommen sein, von wo auch der Name kommt: *Torcida* ist portugiesisch und heißt »Docht« – ein dezenter Hinweis auf die leichte Entflammbarkeit seiner Mitglieder. In den fünfziger Jahren waren nationale Bekundungen auch auf dem Fußballplatz strafbar. *Torcida* listet in seiner Vereinsgeschichte alle Repressionen auf, die ihre Mitglieder und sogar lokale Parteigrößen erdulden mussten, wenn sie nicht gleich durchgriffen – ganz wie eine illegale politische Organisation.

Eine singende Maschinenpistole

Nicht an Qualität fehlte es im jungen Kroatien, sondern an Maßstäben. Man musste seiner selbst eine lange Zeit über schon sehr sicher sein, um zu wissen, was richtig war und was falsch, was nach oben und was nach unten gehörte, was in die Öffentlichkeit und was nicht. In vielen Köpfen hatten Ansichten Platz, die man überall auf der Welt für unvereinbar gehalten hätte. Wer immer in dieser schwierigen Zeit über ein starkes Ego verfügte, konnte sich unversehens als Meinungsführer wieder finden. Das galt in der Politik für die Emigranten, die mit ihren einfachen Weltbildern rasch in Führungsfunktionen rückten, aber auch in der Kultur. Der kroatische Popsänger Marko Perković zum Beispiel, der sich nach einer britischen Maschinenpistole »Thompson« nennt, wäre überall in Europa als Rechtsextremist erkennbar gewesen. Thompson dagegen wurde sogar von katholischen Pfarrgemeinden zu Gastspielen ins Ausland eingeladen. Bei seinen Konzerten zeigen die jugendlichen Fans ungeniert die Symbole der faschistischen Ustascha, die dem Hakenkreuz vergleichbar sind, oder rufen »Ubij, ubij Srbina!«: Töte, töte einen Serben! Thompsons Musik aber ist kein wütendes Protestgeschrei für die Marginalisierten, wie man es von den Ikonen der rechten Musikszene in Deutschland kennt. Thompson mag den feierlichen Sound, Lieder, die an Choräle oder an Nationalhymnen denken lassen, unterlegt mit bedrohlich hämmernden Bässen. In dem Ton steckt der Anspruch, das ganze Land zu vertreten, sich wenigstens musikalisch an die Spitze zu hieven.

Inzwischen kriegt Thompson doch seinen Platz zugewiesen – nicht als Ikone des neuen Kroatien, sondern als Extremist am rechten Rand. Die Szene differenziert sich aus; auf Thompsons Konzerten treffen sich immer mehr arbeitslose Jugendliche aus den Vorstädten und immer weniger Studenten. Links regierte Städte erteilen dem Sänger Auftrittsverbot, weil seine Konzerte zu faschistischen Kundgebungen ausarten, was wiederum liberale Kritiker auf den Plan ruft, die das für unzulässig und kontraproduktiv halten – Auseinandersetzungen, wie sie auch anderswo in Europa geführt werden.

Was ist ein Patriot, was ist ein Hooligan? Der Unterschied ist in Deutschland, England und auch in Polen jedem klar. Im zerfallenen Jugoslawien konnte es da keine Gewissheit geben. Die Unsicherheit darüber, was Kultur ist und was Sub- oder Gegenkultur, blieb nach dem Zerfall der jugoslawischen Gesellschaft nicht auf die Fußballszene beschränkt. Ebenso wenig konnte man verlässlich sagen, was Landesverteidigung war und was Waffenschmuggel. Parteipolitik war von Korruption so wenig zu unterscheiden wie Wirtschaft von organisiertem Verbrechen. Nach dem Zerfall Jugoslawiens gab es für die Zeitgenossen einfach kein verlässliches Kriterium, Legitimes und Kriminelles auseinanderzuhalten. Betrachtet man Kroatien von außen, wird man sagen: Der Nebel lichtete sich erst Jahre später; der eine sah früher klar, der andere später, und ganz verzogen hat der Dunst sich noch immer nicht. Betrachtet man Kroatien von innen, mit den Augen dessen, der das alles miterlebt hat, muss man es anders formulieren: Die Konturen der neuen Gesellschaft werden eben erst gezogen. Gestern hat noch niemand wissen können, wo sie verlaufen.

Das Wirtschaftswunder blieb aus

Noch immer eine Trümmerlandschaft ist Kroatiens Wirtschaft, und das, wo doch gerade in der Wirtschaft eins ins andere greifen sollte. Auch mit den beträchtlichen Einnahmen aus dem Adria-Tourismus schafft es Kroatien aber noch lange nicht, seine Leistungsbilanz auszugleichen. Jedes Jahr geht mit einem Defizit zu Ende, die Schulden liegen bei inzwischen 90 Prozent des Bruttoinlandsprodukts. Die Maastricht-Kriterien der Europäischen Währungsunion erlauben maximal 60 Prozent. Wie das Ziel je erreicht werden soll, ist allen schleierhaft.

Wer als Tourist an die Adria oder nach Zagreb kommt, sieht dem Land seine Probleme nicht an. Kroatien lebe eben »über seine Verhältnisse«, heißt es dazu normalerweise in Wirtschaftsartikeln. Die Stimmung ist tatsächlich besser als die Lage. Zwei Drittel sind optimistisch, was ihre Lebensumstände betrifft. Fragt man die Kroaten, ob sie im Alltag einigermaßen über die Runden kommen, antworten zwar noch immer 31 Prozent mit Nein. In den neuen EU-Mitgliedsländern aber sind es sogar 39 Prozent. Objektiv ist der Lebensstandard knapp schlechter als in Polen, aber erheblich besser als in Rumänien und Bulgarien. Das durchschnittliche Haushaltseinkommen liegt bei knapp 7000 Euro im Jahr. Meistens geht keine Miete davon ab, denn seit einer großen Wohnraumprivatisierung Anfang der neunziger Jahre leben 83 Prozent der Kroaten in ihren eigenen vier Wänden.

»Sparen« oder »den Gürtel enger schnallen« ist zur hohen Verschuldung aber keine gangbare Alternative, denn die Durchschnittszahlen sagen wenig aus. In den letzten Jahren hat sich vor allem zwischen den Regionen die Einkommensschere rasch geöffnet. In der boomenden Hauptstadt Zagreb ist das Pro-Kopf-Einkommen mehr als drei Mal so hoch wie im verarmten Kriegsgebiet in Ostslawonien. In Deutschland gelten die regionalen Unterschiede zwischen Ost und West als großes Problem. Verglichen mit Kroatien, das gerade mal so viele Einwohner hat wie Rheinland-Pfalz, ist es ein geringes: In Bayern, dem reichsten Bundesland, wird nur 1,8 Mal so viel erwirtschaftet wie im ärmsten, Mecklenburg-Vorpommern. Eine Regionalpolitik gibt es in Kroatien kaum, und wo doch, verstärkt sie das Problem noch. Das boomende Zagreb wächst Jahr für Jahr um 5000 Einwohner. In die Kriegsgebiete, die einst von Serben besiedelt waren, aber wurden vor allem sozial Schwache geschickt, die kaum eine Chance haben, ihre neue Heimat zum Blühen zu bringen. Die früher serbische Stadt Knin hat heute fast wieder so viele Einwohner wie vor dem Krieg, aber kaum Arbeitsplätze. Ihr Steueraufkommen liegt pro Kopf bei einem Zehntel dessen, was die Zagreber aufbringen.

Die Arbeitslosigkeit ist immer noch eine der höchsten in einem

Übergangsland. Besonders betroffen ist die Jugend. Das UNO-Entwicklungsprogramm UNDP zählte 2007 in den sechs ärmsten der 21 Provinzen Kroatien zwischen 22 und 28 Prozent »sozial Ausgeschlossene«. Mit sozialer Solidarität ist es nicht weit her. Die Behindertenrente zum Beispiel liegt bei nicht einmal 38 Prozent des durchschnittlichen Nettoeinkommens. Soziale Solidarität ist nicht Teil des nationalen Programms.

Eine Chance hat das Land nur, wenn es eine Nische findet und etwas verkaufen kann, das andere nicht zu bieten haben. Und den meisten fällt dazu immer nur die Adriaküste ein. Die Industrieproduktion hat nicht einmal das Vorkriegsniveau erreicht. Die einst so stolzen Werften von Rijeka oder Split müssen subventioniert werden, die EU dringt auf die Schließung. Wirklich gut geht es nur der Tabakfabrik von Rovinj, die im Kettenraucherparadies Iran eine Produktionsstätte aufbaut. Aber wegen ihres zweifelhaften Produkts und ihrer fragwürdigen internationalen Vertriebswege ist die ganze Branche seit langem in Verruf. Und gerade im früheren Jugoslawien, ob in Serbien oder in Kroatien, passiert kaum ein Mafiamord, bei dem nicht der Zigarettenschmuggel im Hintergrund stünde.

Anders als Slowenien, das schon in den achtziger Jahren seine Märkte in Westeuropa suchte, war die kroatische Industrie auf Jugoslawien orientiert und lieferte zum Beispiel dem serbischen Autohersteller Zastava zu. Vom Zusammenbruch Jugoslawiens war Kroatien deshalb besonders betroffen. Den Rest besorgte der Krieg. Als westliche Investoren im Osten nach Produktionsstandorten suchten, fanden sie sie vor allem in Ungarn und der Slowakei. In Kroatien wurde gerade geschossen. »Die Kriegsfolgen werden oft unterschätzt«, sagt Sandra Švaljek vom Zagreber Wirtschaftsforschungsinstitut. Sie bestehen weniger im Granatbeschuss als in der jahrelangen Unsicherheit. Švaljek denkt zum Beispiel an ein Textilunternehmen in Nordkroatien, das vom Krieg direkt gar nicht heimgesucht wurde. »Um ihren Markt in Deutschland nicht zu verlieren, musste die Firma lange Jahre ruinöse Bankgarantien für mögliche Produktionsausfälle bezahlen«, erzählt die Wissenschaftlerin. Chancen sieht Švaljek in der Lebensmittelverarbeitung, in der Transportlogistik, der Holz-, der Chemie- und der Pharmaindustrie.

Die »Tycoons«, wie die neuen Magnaten genannt wurden, filetierten die billig erworbenen »gesellschaftlichen Unternehmen«, kauften sich Yachten und Rolex-Uhren und gingen rasch pleite. Eine Coupon-Privatisierung nach tschechischem Vorbild, bei der die besten Anteile in einen Fonds für Veteranen und Angehörige von Kriegsopfern gingen, schlug zum Vorteil von Kriegsgewinnlern und Extremisten aus. Dass die Wirtschaft unter Tudjman nicht, wie nebenan in Ungarn, ans Ausland »ausverkauft«, sondern in die Hände »talentierter heimischer Unternehmer« gelegt wurde, förderte nur kurz ein wenig das nationale Selbstbewusstsein. Nicht aber das Nationaleinkommen: Der Technologietransfer, den das Land so nötig hätte, blieb mangels ausländischer Investoren weitgehend aus. Erst spät stiegen internationale Konzerne ein.

Ans Ausland privatisiert wurde da, wo es eher schadete: Ausgerechnet die Banken sind zu mehr als 90 Prozent in den Händen von Österreichern und Italienern. Die neuen Eigentümer interessieren sich, wenn es ernst wird, wenig für die lokale Wirtschaft und versagen ansässigen Kleinunternehmern das dringend benötigte Kapital. Stattdessen sammeln sie Sparguthaben an, statten die kapitalschwachen Mutterhäuser mit Finanzspritzen aus und investieren das Geld irgendwo in weltweiten Fonds. Vom »Wirtschaftswunder«, das nach dem Krieg voreilig ausgerufen wurde, ist heute nicht mehr die Rede. Die Europäische Union, der das Land bald beitreten will, finanziert wichtige Infrastrukturprojekte, mittelständische Investoren aus Italien, Slowenien und Österreich schöpfen die schwache Kaufkraft ab. Kein Interesse an einer vorausschauenden Wirtschaftsentwicklung haben auch die meisten Investoren, die sich um Kroatiens wichtigste Ressource schlagen: die Küste. Besonders begehrt sind die großen Grundstücke, die einst der Jugoslawischen Volksarmee gehörten.

Schnäppchen am Strande: Wie manche Investoren sich benehmen

Kilometerlang nur immergrüne Büsche, Olivenbäume und Eichen, dahinter ein wildes und felsiges, aber flaches Ufer: Auf der Fahrt vom kroatischen Küstenstädtchen Rovinj in Richtung Süden kann man die Mittelmeerküste noch in unberührtem Zustand erleben. Die Zivilisation gibt sich bescheiden. Ein paar Kähne dümpeln vor einem kleinen Fischrestaurant am Ortsrand von Peroj im

Hafenbecken. Paradiese wie dieses findet man in der nördlichen Mittelmeerregion nur noch in Istrien. Die idyllischen Gestade liegen gerade einmal fünf BMW-Stunden von München oder Wien entfernt, nah genug, um Ärzten, Rechtsanwälten und Kulturschaffenden von dort ein stilvolles Wochenende an sonnigen Ufern zu bieten. Tatsächlich entdecken vor allem Österreicher und Bayern die vielen verlassenen Dörfer und verfallenden Gehöfte in den Bergen. Italienern dagegen blieb der Grunderwerb bis ins Jahr 2007 gesetzlich verwehrt. Eine eigene Firma namens *Istra-Bavaria* in Poreč bemüht sich vor allem um die bayerische Kundschaft.

Hier ein jungfräuliches Erholungsgebiet in einem armen Nachkriegsland, dort eine solvente Szene, die auf Immobilienschnäppchen lauert: ein gewinn- und vor allem korruptionsträchtiges Zusammentreffen. Aber es regt sich Widerstand. Eine Gruppe von angesehenen Bürgern kämpft für einen Volksentscheid gegen den »Ausverkauf« Istriens. »Wir haben nichts gegen die Ausländer«, sagt Bruno Poropat, der Initiator und Vorsitzende der Bürgerinitiative. »Sie sollen sich hier ihre Landhäuser bauen oder, noch besser, die verlassenen Bauernhäuser renovieren.« Nur die Küste sollte für alle zugänglich bleiben, fordert er: »Und nicht wie am Wörthersee, den man nur noch an zwei Stellen ohne Zaun erreichen kann.« Kein zufälliger Vergleich: Kaum ein größeres Immobiliengeschäft hier in Istrien, das nicht irgendwie über Klagenfurt gelaufen wäre.

Begonnen hat die arg asymmetrische »Zusammenarbeit« zwischen Kärnten und Istrien im August 1999. Überraschend besuchte der Kärntner Landeshauptmann Jörg Haider, damals gerade ins Amt gewählt, die Stadt Pula, Sitz der istrischen Regionalregierung, und traf dort seinen Amtskollegen Stevo Žufić. Der und seine Partei mussten sich anschließend dafür monatelang rechtfertigen. Die istrischen Rebellen nannten Haider den »größten lebenden Neonazi«. Kaum war Haider wieder weg, kam seine Bank: die staatsnahe Hypo Alpe-Adria, die dann 2003 nach einem gigantischen Spekulationsverlust mit anschließender Bilanzfälschung von der Bayerischen Landesbank gekauft wurde. Die Hypo finanzierte in den folgenden Jahren alle wichtigen Immobiliendeals in Istrien; ihr Logo prangt wie ein Ortseingangsschild auf dem prächtigen Bankgebäude in Poreč – auf der »Festung«, wie man hier sagt. Vor allem aber sicherte die Bank sich das einflussreichste Personal – einschließlich Haiders Gastgeber Žufić.

Kurz nach dem Markteintritt der Kärntner kam es zu ersten mysteriösen Verkäufen. Die Ratsmitglieder der Landgemeinde Vodnjan merkten selbst kaum, welchem Deal sie da zustimmten: 374 000 Quadratmeter unberührte Meeresküste – jenes Stück, vor dem noch heute die Kähne dümpeln – gingen per Beschluss zum Spottpreis von umgerechnet 5,12 Euro pro Quadratmeter an eine bis dahin unbekannte Firma. Finanzier der Transaktion: die Hypo Alpe-Adria. Vorsitzende des Aufsichtsrats des Käuferunternehmens: die örtliche Hypo-Chefin. Neue Eigentümer: ein unbekannter Klagenfurter Anwalt und die Firma eines Wiener Immobilienspekulanten und Parlamentsabgeordneten der rechtspopulistischen FPÖ. Kaum war das Geschäft abgewickelt, beschloss die Gemeinde, das soeben verkaufte Naturschutzgebiet zu einer touristischen Nutzfläche umzuwidmen. Der Preis der Grundstücke, die inzwischen den Werbenamen »Riviera von Brioni« tragen, stieg über Nacht auf das Zweihundertfache.

Nicht die stillen Reichen sind es, an denen sich Istriens Rebellen stoßen. »Das Problem sind die einheimischen Mächtigen, die Partner der Hypo, die bei deren Geschäften mitschneiden«, sagt ein sozialdemokratischer Kommunalpolitiker in Pula. »Sie arbeiten zu ihrem privaten Vorteil, aber zum Nachteil der öffentlichen Hand.« Wem etwa das Filetstück an der Küste inzwischen gehört, liegt im Dunkeln – die Firma des FPÖ-Politikers verkaufte ihren Anteil mit einem schönen Gewinn an zwei Briefkastenfirmen im schweizerischen Zug. Dahinter vermuten die Rebellen von Pula lokale Funktionäre, die sich mit der Kärntner Hypo eingelassen hatten. Außer dem enormen Wertverlust gehen der Provinz und der Republik bei den undurchsichtigen Immobilientransaktionen auch jede Menge Steuern durch die Lappen – die Spekulationssteuer etwa, die beim raschen Wiederverkauf der »Riviera von Brioni« eigentlich fällig geworden wäre.

In der Wahl ihrer kroatischen Partner waren die Österreicher geschickt, wenn auch nicht zimperlich. Zu ihnen gehörte der in istrischen Immobilien erfolgreiche Exgeneral Vladimir Zagorec, dem die Hypo im Rahmen einer Mafiafehde das Lösegeld für seinen entführten Sohn stellte. Ein anderer Hypo-Geschäftspartner war der rechtsradikale frühere Tudjman-Berater Ivić Pašalić, genannt »der Doktor«, der – ohne einschlägige Erfahrung – aus Klagenfurt stolze 30 Millionen Euro für den Bau eines Einkaufszentrums bekam. Zu den Freunden des Hauses zählt auch Branimir Glavaš, der »Pate von Osijek«, den Haider persönlich in Klagenfurt empfing. Noch als Provinzgouverneur ließ sich der Warlord aus dem Nordosten Kroatiens von einer Hypo-Tochter für damals 280 000 Mark eine Wohnung abkaufen, die er zuvor für gut 3000 Mark vom Staat erworben hatte. Später kam Glavaš als mutmaßlicher Kriegsverbrecher ins Gefängnis. Merkwürdige Geschäfte trieb die Hypo-Tochter auch mit der Straßenbaufirma *Kamen Ingrad* in Osijeks Nachbarstadt Požega: Der insolvente Betrieb wurde von der Hypo tüchtig mit Krediten gefüttert – und dann von der ebenfalls aus Kärnten stammenden Baufirma *Strabag* aufgekauft.

Paradiesisch ist in Istrien nur noch die Natur. Auf dem Immobilienmarkt geht es heute höllisch zu. Mafia, Geldwäsche, Betrug, ordinäre Korruption – kein Übel, das noch nicht aufgetreten wäre. In Gredići verkaufen die Bauträger ihre Wohnungen zu überhöhten Preisen an sich selbst – ein klassischer Geldwäschertrick. Ein bekannter Makler aus Poreč lebt inzwischen unter falschem Namen in Bayern, um sich vor den Nachstellungen eines Zagreber Spielautomatenkönigs und dessen Bodyguards zu retten. Inzwischen ist die Aufteilung der Halbinsel weitgehend perfekt; nur bei Pula nahe dem alten Militärhafen, ist noch eine größere »Riviera« zu haben. Die Kärntner Hypo verkaufte, als sie in Wien unter Beschuss geriet, ihre Immobilientöchter an einen undurchsichtigen kroatischen Käufer – nicht ohne vorher die schönsten Stücke aus ihrem Portefeuille abzustoßen. Inzwischen sind viel Gras und einige schöne Apart-Hotels über die Sache gewachsen. Und das blaue Meer kräuselt sich nur ganz leicht.

Gottesgeschenk Goldküste

Touristen, die glauben, ihr Gastland lebe von ihnen, sind nicht die sympathischeren. Im Falle Kroatiens haben sie leider nicht ganz unrecht. In der Ruinenlandschaft der kroatischen Wirtschaft steht der Fremdenverkehr fast wie ein intakter Tempel. Die Adriaküste mit den Inseln ist Kroatiens mit Abstand wichtigste Einnahmequelle. Der liebe Gott war hier einmal besonders großzügig: Die Küste ist, wenn man die Inseln dazurechnet, länger als die spanische. Die Zahl der Inseln liegt – wenn man alles einrechnet, was aus dem Meer ragt – bei sagenhaften 1185, von denen immerhin 47 bewohnt sind. In Europa hat nur Griechenland noch mehr Inseln. Das Wasser an der kroatischen Adria ist so klar und sauber wie kaum sonst irgendwo am Mittelmeer, von der gegenüberliegenden italienischen Adriaküste ganz zu schweigen. Das liegt an den Strömungsverhältnissen, erklärt der Wiener Geograf Peter Jordan, der sich auf Kroatiens Tourismus spezialisiert hat: Am Ostrand fließt das frische Wasser in die Adria hinein, am Westrand fließt das verbrauchte hinaus. Aus den balkanischen Bergen kommen kaum größere Flüsse, die schmutzige Abwässer mit sich bringen würden, und es gibt auch nur wenige große Städte. Nennenswerte Umweltbelastung geht eigentlich nur vom Erdölhafen Omišalj bei Rijeka aus, sagt der deutsche Naturschützer Martin Schneider-Jacoby von der internationalen Stiftung Euronatur in Radolfzell am Bodensee, der sich seit Jahrzehnten mit Kroatiens Umwelt beschäftigt: »Da können an der Westküste der Inseln Lastovo und Mljet schon mal Ölklumpen angetrieben werden.« Sonst, sagt Schneider-Jacoby, ist es hier so sauber wie nirgends sonst.

Was Kroatien fehlt, sind ausgedehnte Sandstrände. Die Gebirge bestehen aus Kalkgestein, das von den anbrandenden Wellen nicht zu Sand zermahlen, sondern gleich ganz aufgelöst und weggespült wird. Die Festlandküste hat auch nicht so viele Buchten wie die Costa Brava, denn die Felsschichten verlaufen hier meistens horizontal und teilen die Küstenlinie deshalb nicht in Segmente ein. Sie ist eine »Längsküste«, keine »Querküste«. Ob man diese besondere Geografie nun für einen Segen oder einen Fluch hält, ist Geschmackssache. Dass es keine großen Sandstrände hat, gibt dem Land im Tourismus aber in jedem Fall die Richtung vor: Es darf nicht auf immer mehr Urlauber setzen. Es muss vielmehr Kenner und Genießer anziehen, die sich ihren Aufenthalt auch etwas kosten lassen. »Qualitätstourismus« ist deshalb das Ziel aller Entwicklungspläne seit den achtziger Jahren. Nicht allein wegen Sonne und Wasser sollen die Gäste kommen, sondern weil sie das Land interessant, liebenswert oder cool finden.

Glatte, hohe Felsen fallen schroff ins türkisfarbene Meer ab. Zwischen ihnen tut sich eine schmale weiße Bucht auf. Palmen bieten Schatten, kleine, weiß getünchte Häuschen zeugen von einem geruhsamen Leben. Wer hätte gedacht, dass das Paradies in Europa liegt? Aber wer mit der Segeljolle oder einem gemieteten Motorbötchen an der Pavja Luka vorbeikommt, einem kleinen Naturhafen am Südufer der Insel Korčula, erliegt einer Art Fata

Morgana. Denn versucht man sich dem Sehnsuchtsort über Land zu nähern, schmilzt sein Zauber dahin. Schon Kilometer vor der Bucht reihen sich die geparkten Autos, jeder Gegenverkehr führt zum Stau. Im Pinienhain rechts der Straße erinnern weiße und rosa Tupfer aus zerknülltem Toilettenpapier daran, dass man hier nicht der einzige ist. Im Reich der Touristenträume belegt die kroatische Adriaküste einen hervorragenden Platz. Aber wenn es um prosaische Selbstverständlichkeiten geht, um Parkplätze, Klos, öffentliche Verkehrsmittel oder Ćevapčići-Buden, nimmt die Trauminsel einen eher bescheidenen Rang ein.

Das Italien des kleinen Mannes

Was immer die Strategen unternommen haben, um der Falle zu entkommen, richtig funktioniert hat es nicht. Kroatien ist das klassische Badeurlaubsland geblieben. Die Hotels sind im Durchschnitt bloß zwei Monate im Jahr ausgebucht und werfen entsprechend wenig Gewinn ab. Während Zehntausende Deutsche um die Weihnachtszeit in Gummistiefeln bei scharfem Gegenwind über Nordseestrände stapfen, fallen die Urlaubsorte in Kroatien, wo man zuweilen bis in den November hinein baden kann, schon Anfang September in den Winterschlaf. Auch dass die Festlandküste mit ihren 1778 Kilometern so lang ist wie die kalifornische, schlägt sich in den Kennziffern des Fremdenverkehrs kaum nieder. Die Gäste massieren sich vor allem in Istrien und auf den Inseln der Kvarner-Bucht. Während man nach Mallorca oder in die Türkei selbstverständlich fliegt, fährt man nach Kroatien mit dem Auto. Seit der Trend weg von den langen Sommerferien hin zu mehr Kurzurlauben geht, hat das weiter entfernte Mittel-Dalmatien es deshalb immer schwerer, seine Betten voll zu kriegen. Mehr als einen Tag Reisezeit mag man nicht einplanen.

Richtig belebt wird es dann erst wieder ganz im Süden: in Dubrovnik. Aber auch darüber herrscht keine ungeteilte Freude. Die malerische, ins Meer hinaus gebaute Stadt mit den gewaltigen Festungsmauern empfängt im Sommer pro Tag bis zu sieben Kreuzfahrtschiffe. Deren Passagiere schlafen und essen an Bord, kaufen in Dubrovnik ein Eis und fünf Ansichtskarten, verstopfen aber den ganzen Tag über die Plätze und Gassen der kleinen Stadt. »Dubrovnik wäre das ideale Ziel für einen qualitätsvollen Kulturtourismus«, sagt Berta Dragičević, die frühere Vizebürgermeisterin, die aus einer alten Dubrovniker Familie stammt und in der Altstadt wohnt. »Stattdessen nehmen die allerbilligsten Souvenirshops überhand, und im Sommer ist die Stadt eine einzige große Kneipe.«

In den sechziger Jahren, als der Massentourismus begann, war Jugoslawien vor allem für die Deutschen »das Italien des kleinen Mannes«: Wer sich Rimini oder Lido di Jesolo nicht leisten konnte, fuhr nach Istrien oder auf die Inseln Krk, Rab oder Mali Lošinj. In allen Orten am Meer entstanden, wie es sich für ein sozialistisches Land gehört, in den siebziger Jahren große Hotels, die in den Sommerferien an Reiseunternehmen vermietet wurden. Sie stehen immer noch, machen kaum Gewinn oder werden trotz Verlusten weiterbetrieben, in der Hoffnung, dass sich ein privater Käufer findet. Wer Sinn für Jugo-Charme hat, kommt vor allem in Mittel-Dalmatien heute noch auf seine Kosten: Große Empfangshallen mit düsterer Täfelung aus Tropenholzimitat, die voluminösen Kunstledersessel in der Lobby und die Gesundheitssandalen der Kellnerinnen entführen den Gast in eine vergangene Zeit.

Schon damals allerdings begannen die Küstenbewohner damit, im Sommer in der Küche zu schlafen und ihre Schlafzimmer zu vermieten: Es war der Beginn des »Zimmer-frei-Tourismus«, mit dem die Istrianer und Dalmatiner vor allem Deutsche anlockten. Rasch kamen neue Wochenendhäuser und Appartementgebäude hinzu, oft ohne durchdachten Bebauungsplan – die später viel beklagte *apartmanizacija* nahm hier ihren Anfang. Die Phase hinterließ eine Reihe von Bausünden und führte hier und da zu übermäßiger Zersiedelung. Verglichen mit Frankreich oder Spanien blieb die Verschandelung jedoch harmlos.

Vom Kriegsausbruch 1991 an blieben die Touristen aus. Noch vor Kriegsende vier Jahre später mühten sich vor allem die Istrianer und manche Insulaner mit einigem Erfolg, den Fremdenverkehr wieder zu beleben. Für Investitionen war kein Geld da, qualifiziertes Personal war abgewandert. Gegen die Konkurrenz punkten konnten die Kroaten nur mit niedrigen Preisen. Außer ein paar älteren Deutschen, die sich durch nichts vom Besuch ihres Lieblingsurlaubslandes abhalten ließen, kamen deshalb jetzt vor allem Tschechen, Ungarn und Slowaken. Sie wurden unfreundlich empfangen: »Die kommen mit Wohnwagen bis unters Dach voll mit Hundefutter und verstopfen die Strände«, schimpfte damals mein Zimmerwirt auf der Insel Brač. Vor allem befürchtete man, dass die armen Osteuropäer die zahlungskräftigen Deutschen fernhalten würden. So schön sie ist, so läuft Kroatiens Küste doch eher als andere Gefahr, als überlaufen wahrgenommen zu werden – wegen der bescheidenen Infrastruktur, aber auch wegen der kleinen Liegeflächen am Meer. Ein Teufelskreis, fürchteten die Küstenbewohner: Je voller es hier wird, desto geringer die Chance, dass die potenten Touristen kommen, und desto billiger geht es hier zu. Inzwischen haben die Befürchtungen sich relativiert. Die Tschechen, Ungarn und Slowaken sind reicher geworden, die Deutschen ärmer. Nach der letzten Statistik lassen Deutsche pro Tag nur 51 Euro im Land, weniger als Italiener und Österreicher und gerade halb so viel wie die (freilich wenigen) Briten.

Paradies ohne Prestige

Eine prestigeträchtige »In-Destination«, wo sich glamouröse Promis tummelten und Zehntausende Fans nach sich zögen, ist Kroatien aber nicht geworden. Mal legt ein Ölscheich mit seiner Jacht an. Die Familien Oetker und Bismarck residieren in Istrien, der Rennfahrer Ralf Schumacher hat sich bei Oprtalj im Norden ein verstecktes Palais hergerichtet. Aber die großen Publikumsmagneten ziehen es vor, im verbauten und überteuerten Cannes an der Côte d'Azur zu urlauben. Wo immer die Strategen hier auf Edeltourismus setzen, auf den Brioni-Inseln oder in Opatija mit seinen prächtigen k.u.k. Villen, bleibt der Erfolg bescheiden. Den Reichen und Schönen scheint in Kroatien irgendetwas zu fehlen. Anders als der griechische Wein, Spaniens Gitarren, das Städtchen Kufstein oder die rote Sonne von Capri kommen Kroatiens Attraktionen in keinem Schlager vor. Auch die Rucksackstudenten, die einst auf Kreta, Ibiza oder Gomera die Trendsetter waren, lassen sich an Kroatiens Küsten kaum blicken. »Wo schon die Eltern Urlaub machten, glaubt man allzu leicht, nichts Neues mehr entdecken zu können«, glaubt der Tourismusforscher Jordan. Was trendy ist und was nicht, können Werbestrategen offenbar kaum beeinflussen. Torremolinos an der Costa del Sol lebt noch immer vom Mythos des Jugendtreffs der sechziger Jahre, obwohl es längst zu einer abscheulichen Hochhaussiedlung geworden ist.

Erfolgreicher sind die Planer in dem Bestreben, das Interesse der Besuchermassen weg von der Küste aufs Hinterland zu richten. In Istrien ziehen die malerischen Dörfer auf den Bergkuppen zunehmend Besucher an; der *agroturizam*, eine Art Urlaub auf dem Bauernhof, fasst langsam Fuß. Im Gorski-Kotar-Gebirge oberhalb von Rijeka hat sich Fužine zu einem Vorzeigedorf entwickelt. Auf der Insel Cres ist ein Netz von Fahrradwegen entstanden. Im Hinterland warten vergessene Klöster, die Plitvicer Seen mit ihren wilden Wasserfällen, in Paklenica ein richtiger Canyon und im Velebit-Gebirge Bären, Wölfe und Luchse auf abenteuerlustige Entdecker.

Für eine stringente Richtung im Fremdenverkehr fehlt es der Zagreber Regierung an Durchsetzungskraft. Jedes Jahr wird die große Umkehr verkündet, jedes Jahr bleibt sie aus. Das Ziel ist, über Steuererhöhungen die Zahl der Privatunterkünfte zu verringern und dafür mehr Hotelbetten zu schaffen, vor allem in kleineren, individuellen und familiären Hotels, die es noch wenig gibt. Aber der Widerstand der Meeresanrainer ist heftig. Seit Jahrzehnten leben die Istrianer und Dalmatiner gut von den Zimmervermietungen, für die sie selten Steuern zahlen. Wer von Zagreb aus dagegen angeht, muss damit rechnen, dass ihm die regionalen Parteiorganisationen aufs Dach steigen.

Ist Schmieren eine Schande?

Wie die Gesellschaft ihre materiellen Werte verteilt, bleibt auch auf ihre ideellen Werte nicht ohne Einfluss. Besser als eine lange Analyse erklärt das eine Anekdote, die der Zagreber Professor für politische Philosophie Žarko Puhovski erzählt. Der Sohn eines Freundes, so Puhovski, hatte bei einer Prüfung an einer renommierten britischen Universität als zweiter unter vierhundert Studenten abgeschlossen. Auf diesen großartigen Erfolg war der junge Mann natürlich stolz, und seine Freunde daheim in Zagreb fragten ihn voller Bewunderung, wie er das denn geschafft hätte. »Tja«, erklärte da der Student: »Mein Vater kennt den Professor Puhovski, und der hat das für mich irgendwie arrangiert.«

Das stimmte natürlich nicht; an britischen Traditionshochschulen kann niemand so etwas »irgendwie arrangieren«. In Wirklichkeit verdankte der Sohn von Puhovskis Freund sein hervorragendes Ergebnis ganz und gar eigener Leistung. Nur konnte er mit Leistung vor seinen Freunden nicht renommieren. Leistung ist uncool. Wenn er dagegen glauben machte, dass ein Vater einflussreiche Freunde hatte, trug ihm das echtes Prestige ein. Gute Beziehungen, schlau sein, tricksen, ohne Anstrengung Erfolg haben: Das sind die Ideale einer ganzen Generation. »Die jungen Leute haben die Erfahrung gemacht, dass Bildung, Fleiß und Sparsamkeit ihren Eltern nichts genützt haben«, erläutert der Psychologe Dean Ajduković. »Kein Wunder, dass diese Tugenden für die Jugend ihren Wert verloren haben.«

Erst allmählich macht sich wieder ein Umdenken bemerkbar. Noch immer ist es an manchen Instituten der Universität Zagreb möglich und üblich, erst einen Studienplatz und dann auch den Studienerfolg zu kaufen. Weil das viele Studenten nicht mehr hinnehmen wollten, ließ sich die Polizei schließlich zu einer Razzia herbei: In einer überfallsartigen »Aktion Index« stürmten Beamte die Büros honoriger Uniprofessoren an der Verkehrswissenschaftlichen und der Wirtschaftswissenschaftlichen Fakultät und nahmen über hundert Leute vorübergehend fest. Als Broker für die krummen Deals wurde ein Autohändler aus einer Zagreber Vorstadt verhaftet. Der 30-Jährige hatte den Studenten für umgerechnet 5000 Euro bestimmte Prüfungen angeboten und einen Teil des Erlöses an die akademischen Korrektoren weitergereicht.

»Solche Erfolge wie bei der Aktion Index haben nichts mit großen staatlichen Strategien gegen die Korruption zu tun«, meint Josip Kregar. »Sie stellen sich nur ein, weil die Bevölkerung sich die Praktiken einfach nicht mehr gefallen lässt.« Gerade unter den Studenten, im sensibelsten Teil der Bevölkerung, habe sich in jüngster Zeit etwas geändert. Eine Demo gegen Studiengebühren hat den Juristen besonders gefreut. Es sei das erste Mal nach dem Krieg gewesen, dass seine Studenten sich nicht nur für einen individuellen Vorteil engagiert hätten.

Erledigt ist das Problem mit der Korruption aber noch lange nicht. Junge Wissenschaftler, die im Ausland studiert haben, reagieren auf die ausgeprägte Kultur des Gebens und Nehmens mit Entsetzen. Es gehe nicht bloß um Prüfungskauf, weiß ein junger Mediziner zu berichten: Auch unter den Professoren sei es ganz üblich, sich gegenseitig Publikationsmöglichkeiten zuzuschanzen und dafür zum Beispiel mit der Zuteilung eines Assistenten zu »bezahlen«. Niedergelassene Fachärzte nehmen Geld für die Annahme neuer Patienten, im Krankenhaus kostet die Operation extra. Žarko Puhovski macht auch die Rechtslage dafür verantwortlich, dass die Verhältnisse so schwer aufzubrechen sind. Strafbar macht sich nicht nur, wer Schmiergeld nimmt, sondern auch, wer es zahlt, womit Täter und Opfer beide ein Interesse haben, dass die Tat nicht bekannt wird. Puhovski beschreibt auch das Dilemma: »Stellen Sie sich vor, Ihr Vater hat einen Herzinfarkt. Sie rufen den Krankenwagen, und am anderen Ende der Leitung verlangt jemand 5000 Kuna. Wie würden Sie entscheiden?«

Was Recht ist und was Unrecht, lässt sich nicht einfach irgendwo studieren; es muss überhaupt neu definiert werden. Einfach vom Westen abgucken hilft nicht immer weiter. Die Sitte, Familienmitglieder oder Nachbarskinder, die sogenannten *zemljaci*, bevorzugt einzustellen, ist schließlich auch in hoch renommierten EU-Staaten verbreitet. Ins Gerede gekommen ist in Kroatien zum Beispiel auch der Brauch, Ärzte, Krankenschwestern oder Lehrerinnen mit kleinen bis mittleren Aufmerksamkeiten zu bedenken, sie also »anzufüttern«, um sie gewogen zu stimmen – ganz wie zum Beispiel in Österreich. »Neulich waren wir Korruptionsbekämpfer gemeinsam mit Zagreber Stadtpolitikern in Wien auf einer Informationsreise«, erzählt Josip Kregar. »Als die Wiener uns erklärt haben, wie sie die Abteilungsleiterposten in der Stadtverwaltung verteilen, haben die Zagreber Politiker ganz triumphierend zu uns herüber geschaut.«

»Nur nicht aufwachen!«

Kroatien und seine Politiker im Traumexpress nach Europa

Ende 2005 hat Kroatien Beitrittsverhandlungen mit der Europäischen Union aufgenommen. Es sei »auf gutem Wege«, sagen die Diplomaten. Die Kommission in Brüssel bietet ein präzises Navigationsgerät. Etliche Stationen wurden schon passiert. Auf den ersten Blick funktioniert Kroatien, wie es ein mitteleuropäisches Land von sich erwartet. Die Wirtschaft steht, vor allem wegen der unbezahlbaren Adria, bei allen ihren Problemen immer noch besser da als die mancher neuer Mitgliedsstaaten. Busse und Züge fahren pünktlich, sofern der Nahverkehr wie in vielen ländlichen Gebieten nicht ganz eingestellt wurde. Renten werden ausgezahlt, die Kinder gehen zur Schule – wenn auch nach alter jugoslawischer Sitte meistens in zwei Schichten, eine vormittags, eine nachmittags, wegen Mangels an Schulräumen und Lehrkräften. Wer krank ist, wird behandelt, wenn auch nicht immer, wie vorgesehen, kostenlos. Wenn eingebrochen wurde, kommt die Polizei, worauf sich Tycoons und andere Unternehmer allerdings immer weniger verlassen wollen. Kroatien hat 20 800 Soldaten, 21 000 Polizisten und ca. 20 000 bewaffnete Wachmänner. »Theoretisch«, sagt ein Militärexperte, »könnten sie einen Staatsstreich verüben.«

Die Schule gilt als hinreichend allgemeinbildend, wenn auch zu sehr aufs Auswendiglernen angelegt. Die Schulpflicht wurde auf zwölf Jahre verlängert. Die ersten acht davon werden in einer Gesamtschule absolviert, die aber jeder fünfte ohne Abschluss verlässt. Die Pisa-Studien über die Qualität der Schulbildung stellen Kroatien kein gutes, aber auch kein katastrophales Zeugnis aus. Im Leseverständnis liegen die jungen Kroatinnen und Kroaten hinter ihren Mitschülern in Deutschland und Österreich, aber in den naturwissenschaftlichen Fächern vor Amerikanern, Spaniern, Italienern. Kroatien hat relativ nur halb so viele Ärzte wie die Länder der Eurozone, ist aber von einem dichten Netz von »Häusern der Gesundheit« überzogen, wo jeder Hilfe findet. Korruption wird wenigstens neuerdings bekämpft; »Tycoon« ist ein Schimpfwort und kein Ehrentitel mehr. Sogar bei den Medien gibt es Hoffnung, und zwar da, wo man es weniger erwartet hätte: im öffentlich-rechtlichen Fernsehen, das sich lange als Verlautbarungsorgan der jeweils Regierenden verstanden hatte.

Ein besonderes Auge hat die Kommission in Brüssel auf die Bewältigung der jüngsten Vergangenheit. Vor allem Briten und Niederländer achten darauf. So gut und so wichtig das ist, kommt es doch meistens etwa verzerrt herüber – und das nicht nur in Kroatien.

Wie man eine Vergangenheit bewältigen lässt

Fünf Jahre war der Krieg her, als eine heftige Wallung durch das Volk ging. Der Staatspräsident persönlich setzte sich in seiner Neujahrsbotschaft für den General ein, den eine internationale Gerichtsbarkeit verurteilt hatte. Eine Parlamentarierdelegation unter Einschluss der sozialdemokratischen Opposition brachte ihre Bitte um Gnade persönlich vor. Es könne nicht sein, dass ein Mann für die Sünden eines ganzen Volkes zu büßen habe, war der Tenor der Bittschriften.

Kroatien im Jahr 2000? Nein – Deutschland im Jahr 1950. Wer den Kroaten ihre Zögerlichkeit bei der Verfolgung »eigener« Kriegsverbrechen vorhält, hat nicht Unrecht, sollte aber den Maßstab nicht verlieren. Halb Kroatien hat sich für den General Ante Gotovina eingesetzt, der im August 1995 die »Aktion Gewitter« gegen die von Serben gehaltene Region Krajina im Hinterland der kroatischen Adriaküste angeführt hatte. Gotovina hatte mit seinem Feldzug zwischen 150 000 und 200 000 Menschen in die Flucht getrieben. Er war dafür verantwortlich, dass eine eigene Militärpolizei nach Ende der Kampfhandlungen über hundert wehrlose serbische Zivilisten, unter ihnen viele bettlägerige alte Leute, aufspürte und ermordete. Er sah zu, wie kroatische Zivilisten die verlassenen Häuser der Serben plünderten. Das ist schlimm genug. Der Mann aber, für dessen Begnadigung sich zwischen 1949 und 1951 halb Deutschland einsetzte, war der General Oswald Pohl. Er war als Leiter der SS-Wirtschaftsverwaltung für die KZs zuständig, hatte den Auschwitz-Kommandanten Rudolf Höß ins Amt berufen, weil ihm die Vergasung von einer Million Juden nicht flott genug ging, und erfand die »Vernichtung durch Arbeit«. Der Bundespräsident, der in der Neujahrsansprache um Gnade für Pohl bat, hieß Theodor Heuß, und der Sozialdemokrat, der beim amerikanischen Hochkommissar John McCloy vorsprach, hieß Carlo Schmid. Deutschland hatte die ganze Welt mit einem Krieg überzogen, den es am Ende verlor, und den größten Massenmord der Geschichte zu verantworten. Kroatien dagegen hat den Krieg gegen Serbien, das unter UNO-Sanktionen stand und dessen Staatschef Slobodan Milošević sechs Jahre später selbst als Untersuchungshäftling im Kriegsverbrechergefängnis von Scheveningen landete, mit amerikanischer und europäischer Hilfe gewonnen. Vergleicht man die Bereitschaft zur Vergangenheitsbewältigung, wird man auch das Ausmaß der zu bewältigenden Verbrechen nicht außer Betracht lassen dürfen.

Passender wäre schon der Vergleich zwischen den Nazis und den Ustascha, deren Verbrechen in der internationalen Öffentlichkeit ebenfalls noch nicht als »bewältigt« gelten. Aber Vergleichen ist nicht Gleichsetzen. Anders als die Deutschen die Nazis haben die Kroaten die Ustascha nie demokratisch gewählt; sie waren Extremisten und kamen mit den Besatzern. Zu jugoslawischer Zeit stritten Kroaten und Serben darum, welche der beiden Nationen im Zweiten Weltkrieg mehr antifaschistische Partisanen gestellt hatte. Für die Todesopfer im Befreiungskampf gibt es Zahlen: Am Anfang waren es mehr Serben, am Ende mehr Kroaten. Als wären die Verbrechen der Ustascha nicht schon schlimm und die Opferzahlen nicht schon hoch genug gewesen, wurden sie zu jugoslawischer Zeit auch noch grotesk aufgebauscht. Das frivole Spiel hatte den Sinn, die kroatischen Kommunisten niederzuhalten: Stimmten sie zu, luden sie noch mehr Schuld auf die Häupter ihrer Volksgenossen, widersprachen sie, mussten sie sich als Nationalisten kritisieren lassen. Manchmal hört man in Serbien und in Deutschland, die kroatischen Ustascha wären selbst den Nazis zu grausam gewesen. Der Spruch geht zurück auf den bevollmächtigten General der deutschen Wehrmacht in Zagreb, Edmund Glaise von Horstenau, einen Österreicher, dem die Pro-Ustascha-Linie Berlins in der Tat gegen den Strich ging und der lieber nach k.u.k. Vorbild auf das Gegeneinander-Ausspielen der Nationen »da unten« gesetzt hätte. Was Grausamkeit betrifft, dürften die Deutschen in Polen, Russland, im Baltikum und vor allem in den

KZs sich von den Kroaten kaum haben überholen lassen. Wenn es einem General zu schlimm wurde, dann nicht aus menschlicher Regung, sondern wegen der »Unordnung« durch »umherziehende Volksteile«, die Massaker meistens mit sich brachten.

Dass die Ustascha Massenmörder waren, ist im heutigen Kroatien eine allgemein akzeptierte Tatsache; die wenigen übrig gebliebenen Kriegsverbrecher ziehen es deshalb vor, ihren Lebensabend im sicheren Österreich zu verbringen. In den neunziger Jahren kehrten einige Ustascha-Freunde aus der Emigration nach Kroatien zurück und gaben sich als Gönner und Patrioten. Der Altkommunist Franjo Tudjman mit seiner Liebe für feste Formeln erklärte den Ustascha-Staat zum »Ausdruck des jahrhundertelang gehegten Wunsches des kroatischen Volkes nach seinem eigenen Staat« und versuchte nach dem Vorbild von Kohls und Mitterrands »Handschlag über den Gräbern« von Verdun, Partisanen und Ustascha posthum als »kroatische Opfer des Weltkriegs« zu versöhnen. Der »Platz der Opfer des Faschismus« hieß unter Tudjman »Platz der großen Kroaten« – Schritte, die auf eine Tendenz zum Geschichtsrevisionismus deuten und für die man vor allem in Deutschland und in Frankreich ein sehr feines Ohr hat. Verbreitet ist auch eine gewisse Koketterie mit den Symbolen der finsteren Epoche; das Tabu, das über ihr liegt, schreit offenbar danach, gebrochen zu werden. Beliebt ist zum Beispiel, das Schachbrettmuster auf der Flagge oben links mit einem weißen Feld beginnen zu lassen statt mit einem roten, wie offiziell vorgeschrieben: Weiß begann auch das Ustascha-Wappen.

Der Fairness halber muss man ergänzen, dass die moralische Rechnung zwischen Ustascha und Partisanen in Kroatien tatsächlich nicht so glatt ist wie die zwischen Deutschen und Franzosen im Zweiten Weltkrieg oder gar zwischen den Nazis und dem deutschen Widerstand. Ende Mai 1945, als der Krieg schon aus war, ermordeten Partisanen nach unverdächtigen Schätzungen zwischen 80 000 und 100 000 unbewaffnete Männer, Frauen und Kinder. Die Menschen, wohl zu zwei Dritteln Kroaten, waren zuvor vor den Partisanen nach Österreich geflüchtet, von wo die britischen Besatzungstruppen sie über den Kärntner Grenzübergang Bleiburg wieder zurückschickten.

Jedes Jahr am 15. Mai zieht der versammelte Klerus nach Bleiburg und begeht dort das Gedenken an die Überlebenden der Nachkriegsmassaker an den Ustascha-Sympathisanten. Aber noch immer weigern sich die Bischöfe, für die Opfer des Ustascha-KZ in der Gedenkstätte von Jasenovac eine Messe zu lesen. Vor allem die Kirche ist schuld, dass es in Kroatien noch immer keine gemeinsame Sicht auf die Geschichte gibt. Zeithistoriker aus der Partisanentradition sind inzwischen bereit, ihren Bannfluch über den Kirchenmann Stepinac zu lösen und die Jahre des Zweiten Weltkriegs und danach neu zu überdenken. Der Politologe Žarko Puhovski findet es sogar in Ordnung, wenn die Rechten und die Frommen bei ihren jährlichen Gedenkfeiern in Bleiburg ihre Ustascha-Lieder singen: »In Bleiburg haben die Ustascha nichts getan. Da waren sie nur Opfer.« Allerdings dürfe man dann in Jasenovac auch nicht die kroatische Nationalhymne spielen. Mit den Klängen der *Lijepa naša* wurden dort einst die Häftlinge geweckt. Aber während führende Politiker aus der kommunistischen Tradition die Verbrechen von Partisanen eingestanden haben und die jährlichen Bleiburger Gedenkfeiern besuchen, weicht die katholische Kirche keinen Millimeter.

Zwischenrufe aus dem Fernsehapparat

Nachdem 2004 Ivo Sanader, Mitglied der Kroatischen Demokratischen Union (HDZ), die Regierung in Zagreb übernommen hatte, bekam Kroatien von der EU bescheinigt, dass es »voll« mit dem Haager Kriegsverbrechertribunal zusammenarbeitet. Wenigstens in Kroatien also, scheint es, hat man begriffen, dass Kriegsverbrechen aufgeklärt gehören und die Täter keine Solidarität verdienen. So verhält es sich aber nicht. Seine Zusammenarbeit mit dem Tribunal trug Sanader keineswegs den Ruf eines Streiters für Gerechtigkeit ein. Im Gegenteil: Für viele seiner Landsleute, vielleicht einen wachsenden Teil, hat er sich damit moralisch ins Unrecht gesetzt. Laut Umfragen denkt zwar heute nur noch eine Minderheit, dass Kroaten im Krieg mit Serbien per Definition gar keine Verbrechen hätten begehen können, da sie ja als Nation das Opfer gewesen seien; vor dem Jahr 2000 war es noch eine Mehrheit. Aber nur eine noch kleinere Minderheit teilt auch wirklich die Ansicht, dass es dem modernen Kroatien gut tut, wenn es seine Verbrecher aus Kriegstagen loswird.

Wer durch Dalmatien fährt, kann an der Küste und auf manchen Inseln vergilbte Plakate mit dem Gesicht des Generals Gotovina entdecken. Der ehemalige Fremdenlegionär, der in Frankreich wegen Diebstahls im Gefängnis saß, ist ganz aus dem Holze, aus dem eine orientierungslose Jugend ihre Helden schnitzt – ganz so wie in Serbien. Aber auch der Durchschnittskroate fühlt sich von der Figur nicht abgestoßen. Er weiß, dass auch Kroaten Verbrechen begehen können und hat auch im Prinzip nichts dagegen, dass sie gerichtlich geahndet werden. Aber für Gotovina empfindet er Sympathie. Vielleicht sei der Exlegionär ja das, was man vierschrötig nennt. »Aber 1991«, sagt mein Freund Ivica, »waren wir froh um jeden, der kämpfen konnte und sich dem Ruf des Vaterlands nicht entzog. Wenn der eine oder andere von ihnen eine fragwürdige Vergangenheit hatte, so ist sie ihm damit verziehen. Diese Menschen haben immerhin ihr Leben für uns riskiert, und manche sind auch umgekommen. Es wäre mehr als schäbig, wenn wir gutsituierten Kroaten ihnen heute noch ihre Jugendsünden vorrechnen würden!« Was die Anklagepunkte betrifft, so ist Ivica überzeugt, dass sie »politisch« sind. Schließlich werde Gotovina von der Anklagebehörde ein »kriminelles Vorhaben« vorgeworfen – »gemeinschaftlich geplant« mit Franjo Tudjman und dem damaligen Verteidigungsminister Šušak.

Ivo Sanader, der Steuermann, äußerte sich zu solchen Fragen nicht. Sein Motto lautete: Tu Gutes und schweige darüber! Der Regierungschef hielt das Ansehen Tudjmans hoch und handelte entgegengesetzt. Kaum im Amt, setzte er seine besten Polizisten auf den flüchtigen General an. Mit deren Hilfe wurde Gotovina gefasst. Der Regierungschef hielt Kurs auf Europa, und zwar auf ein Europa, wie es ist, nicht auf eines, wie er und seine Landsleute es sich vielleicht wünschen. Sofern die Kroaten das wollten, ließ Sanader sie wie schlafende Hunde weiter träumen. Nur spielten manche das Spiel nicht mit und schlugen Krach.

Latinica heißt eine Sendung des kroatischen Fernsehens, die sich auch in der BBC oder der ARD gut machen würde. Der Name ist ein Wortspiel: Der Erfinder und Moderator heißt Denis Latin, und *Latinica* ist das kroatische Wort für die lateinische Schrift des europäischen Westens. Die Sendung ist aus westeuropäischer Sicht tatsächlich das westlichste, was kroatische Fernsehzuschauer geboten kriegen. Wer aber westlich-kritisch über Kroatien berichtet, ist für die Konservativen eher eine Art Serbe, weshalb die Sendung nach dem Wort für die kyrillische Schrift auch den

Spottnamen *Ćirilica* trägt. Die Redaktion von *Latinica* schert sich darum nicht und tut einfach, als säße sie in London, Paris oder Berlin.

Ausgerechnet als die Rechte wegen der Ergreifung von Gotovina Trauer trug, schickte *Latinica* die grausamste Blasphemie über den Äther, die sich denken ließ: einen investigativen Bericht über den Erbstreit in der Familie Tudjman. Vertriebene Serben zurück ins Land lassen, verdächtige Generäle fangen oder »patriotische« Mafiosi aburteilen kann man in Kroatien nur, wenn man so tut, als geschehe das alles im Geiste des verblichenen Staatsgründers. Die Rechte streicheln und, wenn keiner zuschaut, kräftig kneifen – so regierte Premier Ivo Sanader. Bloß *Latinica* hat das schöne Spiel immer wieder durchkreuzt – etwa mit einer Sendung zu den Fluchthelfern des Generals, von denen die Regierung gerne geschwiegen hätte. Immer wenn *Latinica* wieder ein Tabu gebrochen hat, sind die Mächtigen gezwungen, sich künstlich aufzuregen, um nicht den Zorn der Rechten heraufzubeschwören. Als es um die Tudjmans ging, war Empörung auf allen Ebenen angesagt. Gleich am anderen Morgen debattierte das ganze Parlament auf das Turbulenteste über die Sendung – und brachte es zu einer Rekordzahl an Rügen und Verweisen. »Gotteslästerlich« sei die Sendung gewesen, urteilte der Parlamentspräsident Vladimir Šeks, und – natürlich – »eine grobe Verletzung der journalistischen Sorgfaltspflicht«.

Šeks selbst war ein treuer Weggefährte Tudjmans, trug den Europakurs aber loyal mit und blieb auch noch an Bord, als der Regierungschef im Sommer 2009 überraschend das Steuer abgab. Das macht Leute wie Šeks besonders empfindlich gegen kritische Zwischenrufe. Nach der neuen Linie muss man alles tun, was Brüssel von einem verlangt, darf aber das Andenken Tudjmans und die verhängnisvollen Weichenstellungen der Neunziger nicht kritisieren. Macht jemand auf den Widerspruch aufmerksam, können Leute wie Šeks nichts Schlüssiges entgegnen. Sanader wandelte mit seiner Politik auf einem schmalen Grat. Zwischen 2000 und 2003, als unter der Führung der Sozialdemokaten eine Sechser- (und später eine Fünfer-) Koalition regierte, rief jeder Schritt in Richtung Brüssel den heftigen Protest der Rechten hervor. Aber die Regierung der nationalen Tudjman-Partei konnte sich gegen die öffentliche Meinung viel mehr herausnehmen als ihre Vorgängerin. So schön das war, so trügerisch war es auch. Schon nach dem Tode Tudjmans durften die Kroaten die Illusion pflegen, ihr verstorbener Anführer habe ihnen einen angesehenen Platz in der Völkerfamilie gesichert. Jetzt glauben sie das gar zu wissen. Nach Ivo Sanaders Rücktritt beginnt die Stimmung sich langsam sogar wieder in Richtung nationale Arroganz zu drehen. Neue Korruptionsvorwürfe gegen den mächtigen Premier mischen sich mit alten Ressentiments. Der Vorwurf an Sanader, er habe sich von der Kärntner Skandalbank Hypo Alpe-Adria schmieren lassen, wird gern zu einem sehr grundsätzlichen Vorbehalt ausgeweitet: Sanader sei der »Agent des deutschen und österreichischen Kapitals« gewesen, ließ sich zum Beispiel ein renommierter Analytiker in Zagreb hören.

Europa, Kroatien und die Christenheit

Wie von Kroatien haben die Kroaten auch von Europa zwei Bilder im Kopf. Das eine ist das übliche – das von modernen, liberalen, prosperierenden Gesellschaften mit weitgehenden Bürgerrechten und stabilen Demokratien, die sich jetzt nach Osten erweitern. Für die Kroaten heißt das: Wir haben mit dem Kommunismus viel Zeit verloren, müssen uns jetzt beeilen und alles tun, um auch dazu zu gehören. Es gibt aber noch ein anderes Europabild – das vom katholischen Westen als der einen Partei in einem ewigen Kampf gegen den ewigen Osten, gegen den Islam, gegen die Orthodoxie, gegen die »balkanische Kneipe«, den Schlamm, das Chaos, die Despotie. Wer ein solches Bild von Europa pflegt, sieht Kroatien ganz und gar nicht in einer nachholenden Entwicklung – und wenn doch, hält er es für eine Schande, dass seine Regierung sich von Brüsseler Bürokraten Befehle erteilen lässt.

Was Kroatiens Rolle in Europa angeht, herrscht, noch immer spürbar, eine leicht entstaubte Version eines alten Mythos. Er handelt vom unverschuldeten Zu-kurz-Kommen und besagt: Wir reißen uns hier ein Bein aus, um die westliche Zivilisation gegen die verschiedensten Bedrohungen zu verteidigen – und der satte, faule Westen nimmt es nicht einmal zur Kenntnis. Entstanden ist der Mythos von der »Vormauer der Christenheit«, als die muslimischen Türken immer weiter nach Nordwesten vorrückten und schließlich sogar Wien belagerten. In den Köpfen formte sich damals das Bild vom Abendland als einer mit Mauern und Wehrtürmen gut gesicherten Festung. Wie in mittelalterlichen Städten üblich, lebte allerdings ein Teil der Bevölkerung außerhalb der Mauern und musste auch dann draußen bleiben, wenn bei Gefahr die Zugbrücken hochgingen. Wir Unglücklichen vor den Mauern, so der kroatische Mythos, haben die ganze Last der Abwehr zu tragen: Wir sind die ersten, auf die die feindlichen Kugeln und Speere niedergehen, wenn der Feind kommt, und wir müssen die beste Kampfmoral aufbringen, wenn wir bestehen wollen. Die in der Burg dagegen dürfen sich sicher fühlen. Sie können uns von ihren komfortablen Bürgerhäusern aus nicht einmal sehen; wir kämpfen sozusagen im toten Winkel. Deshalb bleibt unser selbstloser Kampf auch immer unbedankt. Dabei sind doch wir die treuesten Bürger der belagerten Stadt! Die drinnen dagegen können sogar ungestraft über die Werte spotten, mit denen wir im offenen Felde unser Überleben sichern.

Wir hier draußen sind die viel besseren Westler als die da drinnen: Das ist eines der Bilder, das nationalbewusste Kroaten über Europa wenigstens im Hinterkopf haben. Es lässt sich bei Bedarf abrufen und wird in verschiedenen historischen Situationen immer wieder restauriert und ausgepinselt. Zum Beispiel, wenn es um die Deutung des »Vaterländischen Krieges« 1991 bis 1995 geht: Wieder kämpften danach die Kroaten im Namen der westlichen Zivilisation gegen den Feind aus dem Osten, erst gegen den »Serbokommunismus« und dann wieder einmal gegen den Islam. Und wieder einmal ließ der Westen – vor allem die Europäische Union – uns schmählich im Stich.

Die Vormauer-Geschichte ist übrigens nichts exklusiv Kroatisches. Man findet die Denkfigur in der ganzen Orthodoxie – von Griechenland über Serbien bis Russland. Die treuesten Anhänger des wahren Glaubens leben draußen, an der Peripherie und streiten tapfer gegen Tataren, Mongolen und Sarazenen, während der feige, fette Papst in Rom bloß schlemmt, hurt und gefahrlos seiner Dekadenz und Ketzerei frönt. Als die Nato 1999 im Kosovo-Krieg Belgrad bombardierte, erlebte der Mythos unter den Serben eine große Zeit: Wir, so suggerierten zahlreiche Karikaturen, kämpfen hier tapfer gegen den Islam der Albaner, während die angeblich so christlichen Westler in Berlin-Kreuzberg, in der Banlieue von Paris oder in Soho längst das Trojanische Pferd hereingelassen haben: die muslimischen Minderheiten. Statt uns zu helfen, prassen und huren sie – ihr oberster Kriegsherr Bill Clinton lässt es sich von seiner Praktikantin besorgen. Obwohl der Mythos von den dekadenten Burgbewohnern und der tapferen, sittenreinen Vorstadt Kroaten und Serben gemeinsam ist, verbindet er sie nicht. In den Augen nationaler Kroaten gehören schon die orthodoxen Serben zu dem balkanischen Feind, gegen den die Kroaten sich so tapfer wehren, und in den Augen nationaler Serben sind die katholischen Kroaten bloß die Affen des dekadenten Westens.

Mein Freund Ivica, dem ich die letzten Absätze im Manuskript zu lesen gegeben habe, hat mit den Achseln gezuckt. »Ja«, hat er gesagt, »manches ist wohl richtig beschrieben. Aber warum sprichst du von einem Mythos? Es war doch wirklich so! Ist Kroatien denn nicht wirklich wie eine Pufferzone von den Osmanen aufgerieben worden? Und hätte Europa Kroatien gegen die serbische Aggression 1991 nicht wirklich verteidigen müssen?«

Ich habe die Absätze trotz des Einwands so stehengelassen. Historiker bezweifeln, dass die ideologischen Gegensätze an der Front zwischen »Abendland« und »Morgenland« wirklich immer so klar waren, wie man heute tut. Sie erinnern lieber an die »Dialektik der Grenze« und meinen damit: Eine Grenze trennt nicht nur, sie verbindet auch. Der Islam in Bosnien ist europäisch, Frauen gehen nicht verschleiert, und alle trinken Alkohol. Umgekehrt ist das Christentum in Südosteuropa, nicht nur das orthodoxe, ein Christentum in sozusagen islamischer Darreichungsform: eher politisch als moralisch, kollektiv statt individuell, eher der korrekten Zeremonie als dem Gewissen verpflichtet. Die da miteinander kämpfen, sind sich ähnlich, wollen es aber nicht wahrhaben: Das ist die Perspektive aus der »Festung Europa«. Hier denkt man heute: Die Abendlandsverteidiger vor den Mauern kämpfen an der falschen Front. Europäische Werte wie Toleranz, Gleichberechtigung, Demokratie müssen nicht gegen »den Islam« verteidigt werden, sondern gegen Fundamentalisten aller Schattierungen, serbische und kroatische Volkstumskämpfer eingeschlossen. Diese Sicht, die westliche, gerät leicht in gefährliche Nähe zu einer Arroganz, auf die viele Kroaten zu Recht allergisch reagieren. Zum Ausdruck gekommen ist der westliche Hochmut zum Beispiel in dem berühmten Ausspruch des deutschen Staatsgründers Otto von Bismarck, der »ganze Balkan«, sei »nicht die Knochen eines einzigen pommerschen Grenadiers wert«, im Satz der *Zeit*-Herausgeberin Marion Gräfin Dönhoff, man müsse den Konflikt im früheren Jugoslawien »ausbluten lassen«, und er äußert sich wohl auch in dem unüberwindlichen Mangel an Prestige, den ein Kroatien-Urlaub für die Reichen und Schönen Europas noch immer hat.

Frühling der starken Frauen

Irrig aber wäre es, aus dem Fortbestand der mythischen Bilder zu schließen, dass Kroatien sich bei seiner Aufholjagd nicht wirklich verändern würde. Die Gesellschaft verändert sich vielmehr grundlegend, was manche eben dazu verleitet, noch hartnäckiger am Alten und »Eigenen« festzuhalten. Bemerken kann man das am besten da, wo es ans Eingemachte geht und für Oberflächlichkeit und Täuschung kein Platz ist: im Verhältnis von Männern und Frauen.

Für das allgemeine Balkanklischee vom bulligen, kurz geschorenen, fortgesetzt renommierenden und schwadronierenden Balkanmacho und seiner zierlichen, stummen, maskenhaft geschminkten Partnerin lassen sich gerade in Kroatien mehr Gegenbeispiele als Belege finden. Aber wie alle Länder der Region blickt Kroatien auf eine besonders patriarchalische Tradition zurück; für viele Westeuropäer ist sie geradezu der Inbegriff des Balkanischen. Schlecht zum Vorurteil passt, dass Kroatien seit dem Sommer 2009 von einer starken Frau regiert wird: von Jadranka Kosor, einer früheren Journalistin, die sich in den neunziger Jahren mit einer Sendung für Kriegsveteranen klar im rechten Lager positioniert hatte, sich dann aber als Vize-Regierungschefin unter Sanader zur entschlossenen Reformerin wandelte.

Das Klischee kommt, trotz Kosor, nicht von ungefähr. In der bäuerlichen Gesellschaft Südosteuropas konnten Töchter nicht erben. Die Mädchen wurden in fremde, oft in entlegene Dörfer verheiratet. Ihre Männer, die sie meist kaum oder gar nicht kannten, lebten dort in einem straff organisierten Familienverband und standen ganz unter der Knute ihres Vaters oder, nach dessen Tod, des ältesten Bruders. Wenn eine junge Frau in eine solche Familie kam, war sie kaum älter als 16 Jahre, hatte von nichts eine Ahnung und machte immer alles falsch. Der Patriarch und dessen Söhne bearbeiteten das Land oder pflegten die Viehherde gemeinschaftlich. Erst wenn der Haushalt zu groß wurde, wanderten einige Söhne ab und gründeten einen neuen, was aber nicht in jeder Generation vorkam. Die junge Frau hatte ihren Mann also nie für sich. War sie von der Persönlichkeit her gefestigter als er, was bei der sehr rigiden Mädchenerziehung wahrscheinlich selten war, konnte sie ihre Stärke nie ausspielen, denn sie gehörte ja in eine strenge Familienhierarchie, die sie nicht verlassen konnte. Die Hochzeitsbräuche des Balkan sind für die Mädchen demütigend. In Albanien zum Beispiel musste (und muss in entlegenen Gegenden bis heute) die Braut gesenkten Hauptes auf einem Stuhl stehen und sich von allen männlichen Hochzeitsgästen betrachten lassen.

Die patriarchalischen Balkangroßfamilien gab es auch in Kroatien. Daran erinnern noch heute Ortsnamen mit -ići oder -ci, die von Personennamen abgeleitet sind. Die Stadt Vinkovci in Ostslawonien war ursprünglich eine kleine Siedlung, in der ein Patriarch namens Vinko mit seinen Söhnen und deren Familien lebte – den »Vinkovci«, den »Vinko-Leuten«. In Bosnien und mehr noch im Kosovo und in Montenegro gibt es bis heute Dörfer, in denen alle Einwohner denselben Familiennamen tragen. Meistens lautet er auf -ić, das eigentlich eine Verkleinerungsform ist und den Sohn bezeichnet: Hieß der Vater Petar, heißen die Söhne Petrić, »Peterchen«. Wenig bekannt ist, dass es auch ein paar von Frauen abgeleitete Familiennamen gibt: zum Beispiel Anić, Katić oder Mandić, abgeleitet von den (sehr seltenen) alleinerziehenden Müttern.

Das Muster der Familiendörfer war bis ins 20. Jahrhundert verbreitet; inzwischen hat es sich wenigstens in Kroatien vollständig verflüchtigt. Dass aber für Männer und Frauen unterschiedliche Maßstäbe gelten, ist selbst für den oberflächlichen Beobachter auch heute noch mit Händen zu greifen. Frauen werden, selbst wenn sie in der Öffentlichkeit stehen, häufig mit dem Vornamen angeredet. Männer haben – angenehmerweise – immer Zeit für einen Kaffee und müssen kaum je ein Kind aus dem Kindergarten abholen. Bei Essenseinladungen und gemeinsamen Unternehmungen mit befreundeten kroatischen Paaren ergibt es sich immer wieder, dass jeweils die Männer und die Frauen sich miteinander unterhalten. Ein Gespräch, an dem alle teilnehmen, ist die Ausnahme.

Kein Wunder also, dass sich das moderne Europa über den rückständigen Patriarchalismus des Balkanlandes gern erhebt.

Bloß ist der Eindruck, der sich jedem westlichen Besucher so aufdrängt, kaum in harte Tatsachen zu fassen. In einer weltweiten Vergleichsstudie, mit der das Weltwirtschaftsforum in 128 Staaten der Erde die »Lücke« zwischen den Rechten von Männern und denen von Frauen gemessen hat, hat Kroatien es immerhin schon auf einen achtbaren sechzehnten Platz geschafft – nach Deutschland zwar, aber vor Kanada, Belgien, Österreich, Frankreich, Slowenien und der Schweiz. Inzwischen ist das Land – wegen einer neuen Regierung mit weniger Ministerinnen – wieder zurückgefallen. Kroatien verdankt seinen relativ guten Rang unter anderem der Stellung von Frauen in der Arbeitswelt. Auf 100 beschäftigte Männer kommen immerhin 81 Frauen, so viele wie in Österreich mit seiner viel niedrigeren Arbeitslosigkeit. Zwar verdienen Frauen in Kroatien nur zwei Drittel dessen, was Männer bekommen. Aber in Deutschland ist es auch nicht mehr, und in Österreich sind es sogar nur 52 Prozent. Unter Freiberuflern stellen Frauen in Kroatien sogar die Mehrheit.

Nicht so gut ist es mit der Position von Frauen im öffentlichen Leben bestellt – wenn auch lange nicht so katastrophal wie im angeblich höher entwickelten Slowenien oder gar in der Schweiz. Von den Regierungsämtern ist in Kroatien zwar jedes dritte weiblich besetzt, was im internationalen Vergleich nicht schlecht ist. Im Parlament aber liegt der Frauenanteil bei mageren 22 Prozent, niedriger noch als in Österreich (28 Prozent). Das Missverhältnis könnte man als Beweis dafür deuten, dass Frauen künstlich in Positionen gepusht werden müssen: In die Regierung wird man berufen, ins Parlament aber gewählt. Viel erklärt sich so aber nicht. Politikerinnen kann »mann« nicht einfach aus gesellschaftskosmetischen Gründen irgendwohin stellen. Sie üben schließlich reale Macht aus.

Macht hatten Frauen schon zu kommunistischer Zeit: Die profilierte und einflussreiche Partei- und Regierungschefin Savka Dabčević-Kučar wurde nach ihrer Entmachtung 1971 zur Galionsfigur der Opposition. Heute haben Frauen in der Politik wichtige und auch öffentlich herausragende Positionen inne, auch wenn es keiner von ihnen je gelungen ist, in die allererste Reihe vorzustoßen. Vesna Pusić, lange Zeit Vorsitzende der liberal orientierten Volkspartei, leitet den Europa-Ausschuss des Parlaments und steht damit an der Spitze der Europäisierung. Die beherzte Sozialdemokratin Željka Antunović übernahm 2000 das Verteidigungsministerium, nicht nur in Kroatien eine Männerdomäne, und zerschlug dort die mächtigen Seilschaften der Kriegsprofiteure und ihrer rechtsradikalen Freunde. Es war eine Herkulesaufgabe, Antunović wurde viel gelobt. Während die starken Frauen in der kroatischen Politik sich ansonsten Mühe gaben, vor der Wählerschaft nicht als irgendwie feministisch dazustehen, setzte sich Jadranka Kosor, ungeachtet ihrer betont konservativen Erscheinung, schon als Vizeregierungschefin selbstbewusst für Frauenanliegen ein.

Sind Frauen in Kroatien also doch relativ gleichberechtigt? Kommt einem das Land zu Unrecht so patriarchalisch vor? Die Zagreber Soziologin Silva Mežnarić antwortet erst einmal mit einer Pause. Dann deutet sie hinüber auf das große, graue Bürohaus an der Avenue Vukovar. »Da arbeiten alles gut ausgebildete, hochqualifizierte Frauen, die anerkannt sind und gutes Geld verdienen«, erklärt die Wissenschaftlerin, die zum Geschlechterverhältnis geforscht hat. »Und heute Nachmittag um vier gehen sie alle nach Hause und machen ihren Männern das Essen.«

Frauen und Männer haben in Kroatien und auf dem Balkan nicht von vornherein verschiedene Sphären oder Domänen wie in den patriarchalischen Ländern des Westens. Männer und Frauen haben in Kroatien vielmehr auch in denselben Sphären und Domänen verschiedene Rollen. Es gibt Firmen- und Behördenchefinnen, die aber in ihren Ämtern tunlichst keine strategischen Entscheidungen zu treffen haben. Umgekehrt kann »frau« in einem Zagreber Dessous-Shop auf einen männlichen Verkäufer für Damenunterwäsche treffen. Die Kundin darf aber nicht erwarten, dass der sie irgendwie beriete. »Es ist ganz einfach«, sagt Silva Mežnarić: »Die Frauen sind für die Arbeit zuständig, die Männer für die Entscheidungen.«

So ist es auch in der Politik. Zu kommunistischer Zeit gab es, wie in anderen sozialistischen Ländern auch, zwei parallele Hierarchien: die Partei und den Staatsapparat. In der Partei wurde entschieden, bei den Behörden wurde ausgeführt. Die Zweiteilung der politischen Szene, die von ferne wie eine Gewaltenteilung zwischen Legislative und Exekutive aussieht, hat den Bruch nach dem Ende des KP-Regimes überdauert. In den neunziger Jahren fielen die Entscheidungen im Büro des Präsidenten, dessen »Berater« genau solche Über-Minister waren wie früher die Sekretäre des Zentralkomitees. Die politische Arbeitsteilung war zwar typisch kommunistisch, baute aber auf einem System auf, das die Kroaten von zu Hause gewöhnt waren: Vater entscheidet, Mutter arbeitet. Faire Lastenverteilung im Haushalt halten 25 Prozent der EU-Bürger für einen hohen Wert und immerhin 21 Prozent der Rumänen und 18 Prozent der Bulgaren. Bei den Kroaten sind es ganze 13 Prozent.

Seit Frieden herrscht, Ideologie diskreditiert ist und Kroatien keine großen nationalen Entscheidungen mehr zu treffen hat, haben die Verhältnisse sich geändert. Jetzt muss »gearbeitet« werden: Das Parlament muss EU-Richtlinien anpassen. Die Minister müssen die Verwaltung auf Trab bringen. Persönliche Beziehungen und Netzwerke, die Kroatiens Politiker sich aufgebaut haben, sind dabei nicht nur nicht mehr so wichtig. Sie gelten im Gegenteil sogar als korruptionsverdächtig. Geht es aber um Arbeit, vertrauen Kroaten gleich welchen Geschlechts eher den Frauen. »Man hat junge Stellenbewerber aussuchen lassen, bei wem sie sich vorstellen wollen«, erzählt Silva Mežnarić. »Alle, ob Männer oder Frauen, haben die Frauen gewählt. Sie gelten einfach als sachlicher und als vertrauenswürdiger.«

In den Behörden und in den Betrieben haben die stillen, unscheinbaren Gestalten dem Chef, der hinter einer gepolsterten Tür unter Fahne und Präsidentenbild thronte, höchstens rasch einmal eine Unterlage reingereicht. Jetzt werden sie auf einmal ganz anders wahrgenommen. Investoren bekommen schnell spitz, wer im Betrieb den Überblick hatte und wer bloß den Boss heraushängen lässt. In Zeiten des Sparzwangs geraten die professionellen Entscheider mit den dicken Dienstwagen ins Visier. Männer und Frauen tauschen ihre Rollen nicht und gleichen sie auch nicht aneinander an. Aber die Rolle der Frauen wird wichtiger und die der Männer unwichtiger.

Die Zagreber Publizistin Vesna Kesić, als erklärte Feministin eine rare Vertreterin dieser Spezies in Kroatien, lebt den Sommer über auf einer kleinen Insel und schaut dort der Gesellschaft bei der Veränderung zu. »Anfangs, im Krieg, waren die Männer hier unbestritten die Helden«, sagt sie. Nach der Demobilisierung aber schaute die Welt anders aus. »Viele hatten in der Industrie gearbeitet, die jetzt schwächelte. Die Bürojobs und die Dienstleistungen der Frauen erwiesen sich als erheblich stabiler.« Frauen hatten schon zu kommunistischer Zeit »Mädchen für alles« sein müssen; jetzt kam ihnen ihre Flexibilität zugute. »Inzwischen ändern sich auch die Verhältnisse in den Familien«, wie Vesna Kesić beobachtet hat: Arbeitslose Väter kümmern sich um die Kinder, sogar um den Haushalt. Nur die Chauvi-Sprüche sind noch immer dieselben. »Aber das ist nur noch Folklore.« Gern beschimpft die Männerrunde auf dem Hauptplatz des Inseldörfchens die Politiker in Zagreb alle zusammen als »schwul«. Am wirklich schwulen Wirt im Ort stößt sich niemand.

Herbst der Patriarchen

Der Grazer Patriarchatsforscher Karl Kaser, ein Spezialist für Südosteuropa, unterscheidet zwischen einem Patriarchen und einem Macho, der nur groß tut und starke Sprüche klopft. Die Balkangesellschaften, sagt Kaser, haben »echte Patriarchen« hervorgebracht, Männer, die in allen Sphären herrschen und entscheiden, auch zu Hause. In anderen Gesellschaften, die natürlich ebenfalls patriarchalisch waren, haben Männer und Frauen ihre Sphären geteilt: Der Mann war der Außenminister des Haushalts, die Frau die Innenministerin, und das Finanzressort war immer umstritten. Der Macho in diesen Gesellschaften mochte reich, wichtig und berühmt sein; zu Hause nützte ihm das nichts. Auf dem alten, bäuerlichen Balkan fand die Aufteilung der Sphären zwischen Männern und Frauen schon deshalb nicht statt, weil es außer der Familie kaum eine Sphäre gab. Ein Mann, der zu Hause nichts zu melden gehabt hätte, hatte kaum Gelegenheit, sich sonst irgendwo hervorzutun.

Je nach historischem Unterfutter geht die Emanzipation der Frauen offenbar einen anderen Weg. Im Westen müssen die Frauen den öffentlichen Raum erobern und sind, wenn sie das geschafft haben, dort mehr oder weniger gleichberechtigt. Im Osten dagegen sind in jeder Sphäre, der privaten und familiären ebenso wie in der öffentlichen, politischen, für Frauen besondere Rollen vorgesehen. Das prämoderne Patriarchat, meint die Philosophin Rada Iveković, »passt sich an jede Moderne an«. Gekämpft wird eher nicht; Kroatiens einzige feministische Organisation nennt sich b.a.b.e., die Abkürzung für »be active, be emancipated« und zugleich das Slangwort für »Weiber«. Kämpfen scheint auch gar nicht nötig zu sein. Die Zeit, scheint es, arbeitet für die Frauen. Je komplizierter die Arbeitsabläufe werden, desto weniger können Männer sinnvolle Entscheidungen über etwas treffen, das sie nicht selbst beherrschen. Das weibliche Gestirn steigt auf, das männliche sinkt.

Immerhin aber nützen die Frauen die günstige Lage, um laut zu sagen, dass machistische Angebersprüche, auch wenn sie schon hohl klingen, noch nerven können. »Frauen wollen keinen Warmduscher«, befand zum Beispiel der sozialdemokratische Bürgermeister von Zagreb, Milan Bandić, »die wollen einen Draufgänger zum Freier, einen, der schon fünf oder zehn Schlägereien hinter sich hat, mit richtigen Verletzungen«. Das ging der konservativen Jadranka Kosor, die gerade eine Kampagne gegen häusliche Gewalt begonnen hatte, zu weit. Die Aussage sei für Frauen »erniedrigend«, kritisierte sie, und statt zu feixen senkte das halbe Land schuldbewusst den Kopf. Ob reale Unterdrückung durch den altbalkanischen Patriarchen oder Rückzugsgefechte des neuen Macho: Auch dumme Sprüche haben Folgen. 29 Prozent der kroatischen Frauen haben von ihrem Intimpartner Gewalt erlebt, und 36 Prozent berichten das sogar von ihrer Mutter. Mit den Fäusten sind die Männer stärker. Erst in den letzten Jahren hat sich der Gedanke durchgesetzt, dass das Schlagen der Frau überhaupt strafbar ist. Zwischen 2001 und 2008 hat sich die Zahl der Anzeigen verzehnfacht, aber eine Frauenorganisation hat erhoben, dass immer noch nur 17 Prozent der Fälle angezeigt werden. In Zagreb rückt die Polizei täglich 39-mal aus, um häuslichen Streit zu schlichten. »Häuslicher Streit« heißt: Er schlägt sie. Die Polizeibeamten werden geschult darin, bei ihren Einsätzen sensibel vorzugehen. Parolen gegen häusliche Gewalt hängen auf großen Plakatwänden. In Zagreb, Karlovac und Split sind Frauenhäuser entstanden.

Sind die Kroaten »rechts«?

Dass Kroatien moderner werden muss, ist zwischen den politischen Parteien nicht strittig; Beharrende und Reformer finden sich auf beiden Seiten. »Konservativ« zu sein ist unter Kroaten weniger eine politische Orientierung als eine kulturelle Grundbefindlichkeit. Man nennt seine Kinder nicht Sven oder Lea. Die häufigsten Vornamen sind noch immer Marija oder Ana, Ivan oder Ante. Mit »rechts« und »links« hat das wenig zu tun. Der Konservatismus führt immer wieder zu Missverständnissen im Ausland, die dann in Kroatien gleichmütig zur Kenntnis genommen werden. Schon bei meiner kleinen Image-Umfrage im Freundes- und Bekanntenkreis ist mir aufgefallen, dass es beim Thema Kroatien immer gleich um Politik geht. Ist (vor allem in Deutschland) einer erklärtermaßen kroatophil, lobt er die Einstellung der Menschen dort, ihre Freundlichkeit oder gar ihren Fleiß und ihre Freiheitsliebe, so zählt er wohl eher zu den Konservativen. Tatsächlich ist zum Beispiel die einflussreiche Bayerisch-Kroatische Gesellschaft von der CSU dominiert, und die Deutsch-Kroatische wurde von einem CDU-Bundestagsabgeordneten gegründet. Linke und Liberale runzeln beim Thema Kroatien dagegen die Stirn. Geht es da nicht sehr autoritär zu? Sind die nicht ultrareaktionär und rassistisch? Ist Abtreibung da nicht per Verfassung verboten, wie jahrelang in linken Publikationen zu lesen stand? Und feiern sie nicht noch immer ihre Kriegsverbrecher – und zwar nicht nur die aus den neunziger Jahren, sondern auch die aus dem Zweiten Weltkrieg? Sympathie rechts, Misstrauen links: Kroatien scheint ein »rechtes« Land zu sein.

Die Kroaten sehen das nicht so. Nach dem Eurobarometer ordnen sich 21 Prozent der Kroaten »rechts« und 25 Prozent »links« ein, jeweils etwa gleich viele wie in den EU-Staaten. Die Kategorien »rechts« und »links« haben ihren Sinn, wenn es darum geht, die Verhältnisse innerhalb von Nationen zu beschreiben. Für Nationen als ganze taugen sie nicht. Allenfalls schreibt mal ein Feuilletonist, dass in diesem oder jenem Land die Vorherrschaft der linken oder der rechten Partei so etwas wie der »historische Normalfall« sei – eine Qualifizierung, die meistens bloß bis zur nächsten Wahl hält. Für die junge kroatische Demokratie wird man selbst diese Behauptung schwer aufstellen können. Die als konservativ geltende »Kroatische Demokratische Gemeinschaft« (*Hrvatska Demokratska Zajednica* – HDZ) hat zwar seit 1990 von sechs Wahlen fünf gewonnen, zwei davon aber unter kriegerischen und auch sonst recht problematischen Verhältnissen – und eine ging eben an die ex-kommunistischen Sozialdemokraten. Eine absolute Mehrheit aber haben die Kroaten ihr nicht einmal nach dem gewonnenen Krieg 1995 gegeben. Außerdem wurde die HDZ von den Wählern wenigstens anfangs gar nicht als Rechtspartei verstanden. Franjo Tudjman war kommunistischer Partisan gewesen und machte nach dem Krieg eine

Karriere als Offizier der Jugoslawischen Volksarmee, bis er in Ungnade fiel. In seiner Partei bildete sich ein »Partisanenflügel«, der die Werte der Tito-Zeit hoch hielt. Wenig verständlich ist die Einordnung des Landes nach »rechts« auch dann, wenn man es mit seinem Feind und angeblichen Spiegelbild Serbien vergleicht. Tudjmans serbischer Gegenspieler Milošević war zwar Chef einer ex-kommunistischen Partei und mag bei oberflächlich Informierten deshalb als »links« durchgehen. Seine Trommler und Freischärler aber und besonders seine serbischen Alliierten in Bosnien huldigten den schwülsten rechtsradikalen Ideologien, trieben munter Völkerpsychologie und pflegten verstaubte Mythen. Ihre Idole waren die königstreuen Tschetniks aus dem Zweiten Weltkrieg, die lieber gegen die eigenen Kommunisten kämpften als gegen die ausländischen Nazis. Hätte sie jemand für »links« erklärt, so hätten sie zugeschlagen. Im Norden Europas mag es die Tendenz geben, dezidiert katholische Länder für »rechts« zu halten, weil ja auch der politische Katholizismus, wo er sich regt, meistens (nicht immer) eher nach rechts tendiert. Aber selbst wer das zugestanden bekommt, wird kaum erklären können, was etwa an der serbischen Orthodoxie mit ihren langbärtigen Popen, ihrem Weihrauch und ihren Ikonen linker oder liberaler sein soll als am kroatischen Katholizismus. Und dass Abtreibung laut kroatischer Verfassung verboten wäre, ist einfach eine Ente.

Leider kommt man der Auffassung, die Kroaten seien an sich »rechts«, mit solchen einfachen Gegenargumenten nicht bei. Das Vorurteil ist nämlich wesentlich älter – auch wenn das von den Westeuropäern, die es heute reproduzieren, kaum einer mehr weiß. Es ist sozusagen »Geschichte« im mitteleuropäischen Sinn: nicht tot, sondern zäh. Entstanden ist das Klischee 1848. Damals schlugen die Kroaten für den Kaiser in Wien die liberale Revolution nieder. Das trug ihnen beim Kaiser zwar nicht die erhofften Vorteile, bei allen fortschrittlich gesinnten Europäern aber einen gewaltigen Rochus ein. Karl Marx ernannte die Kroaten zum »reaktionärsten aller Völker«, und Friedrich Engels – der noch nicht ahnen konnte, dass er gemeinsam mit Marx in Kroatien einmal zu den meistzitierten Denkern gehören würde – konnte sich über Jahrzehnte hinweg gar nicht genug tun mit Tiraden gegen die »Völkerabfälle«, »Viehdiebe« und »Natiönchen« unten auf dem Balkan. Etwa näheres Hinschauen hätte den beiden deutschen Großphilosophen nicht geschadet. In Wirklichkeit nämlich waren im 19. Jahrhundert die Kroaten um den Statthalter (»Ban«) Josip Jelačić, der sich für den Kaiser schlug, nicht weniger liberal gesinnt als ihre Gegner in Wien oder Budapest. Sie waren bloß naiver und schafften es nicht, in der eigenartigen Gemengelage aus nationalen und politischen Fragen, wie sie für die Donaumonarchie typisch war, den richtigen Durchblick zu finden. Das war auch nicht leicht. Andere österreichische Parteien erwischte es in dem Wiener Chaos bald noch viel ärger: Die deutschen Liberalen zum Beispiel verloren vollends die Orientierung und verrannten sich in einen wütenden germanischen Chauvinismus.

Später dann, in Jugoslawien, bekam das Vorurteil gegen die »rechten« Kroaten neue Nahrung. In der Zwischenkriegszeit waren die Kroaten föderalistisch, die Serben zentralistisch orientiert, was vor allem etwas mit den Macht- und Größenverhältnissen im 1918 gegründeten »Königreich der Serben, Kroaten und Slowenen« zu tun hatte. Aber Föderalismus galt damals als österreichisch-kaiserlich und »rechts«, Zentralismus als französisch-jakobinisch und »links«. Noch später, als die Nationen in Titos Jugoslawien zu einer Art Parteien wurden, gingen die Kroaten schon deshalb als »rechts« durch, weil sie traditionell stärker nach Nordwesten orientiert waren, zu Ländern hin also, die jetzt zur kapitalistischen Welt gehörten. Nach derselben Logik übrigens galten in Jugoslawien in den Siebzigern die Kosovoalbaner tendenziell als linksradikal. Sie hörten nämlich heimlich Radio Tirana, das unentwegt die maoistischen Sprüche des dortigen Diktators Enver Hoxha sendete. Mit den politischen Einstellungen der Menschen hier wie dort hatte diese Qualifizierung nichts zu tun.

Plisch und Plum im Präsidentenamt

Seit der Unabhängigkeit hat Kroatien drei Präsidenten erlebt. Der erste, Franjo Tudjman, hatte den Anspruch, das Land zu prägen, der zweite, Stipe Mesić, wollte es bloß repräsentieren. Wie die Geschichte über die ersten beiden Präsidenten urteilt, ist noch nicht heraus. Manches spricht dafür, dass sie im Urteil der Nachwelt ihre historischen Rollen noch werden tauschen müssen. Tudjman fühlte sich als Vollstrecker des kroatischen Traums.

Das reale Kroatien spielte in seiner Vorstellungswelt höchstens als lästiger Widerstand eine Rolle, den es zu überwinden galt. Wie Tudjman bewies, können Träume durchaus geschichtsmächtig werden. Mesić dagegen hielt die schwierige Balance zwischen Traum und Realität, die das Land charakterisiert.

Tudjman, einst der jüngste General der Jugoslawischen Volksarmee, war wahrlich nicht, was man sich unter einem charismatischen Anführer vorstellt. Streng und ein wenig mürrisch blickte er ein volles Jahrzehnt lang in allen Amtsstuben, Geschäften und Kneipen von großen Porträtfotos auf die Bürger seines Landes herab. Die Ästhetik der meist schlechten offiziellen Bilder deutet eher nach Rumänien: der Hintergrund rot, das Jackett blitzblau, dazu eine knallgelbe Krawatte. Auf dem schlimmsten unter ihnen versucht er vergebens, sich ein Lächeln abzuquälen. Kam man ihm näher, wurde es nicht besser. Unter ausländischen Staatsmännern und Diplomaten waren Begegnungen mit Tudjman gefürchtet. Alle Gespräche arteten in längliche Belehrungen über die kroatische und die europäische Geschichte aus, immer gescheit, immer originell, aber auch immer ermüdend. Dem deutschen Kanzler und Historikerkollegen Helmut Kohl, dem man zu Unrecht ein sentimentales Verhältnis zum Kroatentum nachsagte, war der Mann nach zwei Treffen ein Gräuel. Als er Tudjman bei einer Konferenz nach Jahren zum ersten Mal wieder begegnete, nahm Kohl zu Beginn von dessen Vortrag demonstrativ die Kopfhörer ab. BBC-Reporter berichteten von einem Interview, wie der Präsident sich über ihr Aufnahmegerät mokiert habe. Für den Präsidenten der Republik Kroatien, hatte Tudjman gemeint, sei das Gerät viel zu klein.

Natürlich blieb auch den Kroaten die nervtötende Art ihres Staatschefs nicht verborgen. Seine staatsmännische Selbstinszenierung stieß ab. Die Popularität des Präsidenten sank beträchtlich, als herauskam, dass er ein wichtiges Detail seiner Lebensgeschichte gleich zweimal, jeweils entsprechend seiner aktuellen Gesinnung, gefälscht hatte: Sein Vater sei 1946 von den radikalen »Kreuzrittern« der Ustascha ermordet worden, hatte er erzählt, als er in Belgrad jüngster General der Jugoslawischen Volksarmee war. Als er in den achtziger Jahren zum Großdissidenten wurde, sollten auf einmal kommunistische Geheimpolizisten die Mörder seines Vaters gewesen sein. Ein alter Polizeibericht brachte schließlich die Wahrheit an den Tag: Stjepan Tudjman senior hatte erst seine zweite Frau und dann sich selbst erschossen. Eine ganz ähnliche Legende über den toten Vater verbreitet übrigens der als Kriegsverbrecher gesuchte serbische Exgeneral Ratko Mladić. Angeblich war sein Vater 1944 oder 1945 beim Sturm auf das Heimatdorf des Ustascha-Führers Ante Pavelić von einem deutschen Kommando erschossen worden. In Wirklichkeit starb Mladićs Vater erst nach dem Krieg bei einem ungeklärten Bombenabwurf.

Mit zunehmendem Alter bewegte Tudjman sich mit seiner steifen, belehrenden Art gefährlich auf die Grenze der Lächerlichkeit zu. Die inzwischen eingegangene Satire-Zeitung *Feral Tribune* zerrte ihn auch erfolgreich über diese Grenze hinweg – und sein Tod traf die einfallsreiche Redaktion in Split hart, denn sie hatte damit das beste Futter für ihren Spott verloren. Die Verehrung, die die meisten Kroaten ihrem ersten Präsidenten angedeihen ließen, hatte schon immer mehr dem Amt als der Person gegolten. Im Laufe der neunziger Jahre schlug sie zunehmend in Verdruss um. Als Tudjman im Dezember 1999 mit 77 Jahren an Krebs starb, erwies ihm Kroatien zwar feierlich seine Reverenz. Aber niemand stand weinend am Straßenrand. Wenige Tage nach dem Begräbnis wählten die Kroaten, ganz pietätlos, seine eben noch allmächtige Partei ab. Die ließ das nicht nur geschehen, sondern schaltete in kürzester Zeit die Berater und das gesamte Umfeld ihres Gründers und Übervaters aus. Wochen nach seinem Tode kursierte in Zagreb ein böser Witz: »Weißt du, warum Tudjmans Grabplatte auf dem Friedhof Mirogoj so schräg ist? Damit niemand darauf tanzt!«

Heute sind vom verstorbenen Staatsgründer ein paar ästhetisch fragwürdige Denkmäler zu besichtigen; einige Straßen, Plätze, der Flughafen von Zagreb und eine Brücke über den Fjord von Dubrovnik sind nach ihm benannt. Nach einer Umfrage aus dem Jahre 2007 halten die meisten seiner Landsleute, weit vor Tudjman, Josip Broz Tito für den »größten Kroaten aller Zeiten«. Alljährlich im Mai, wenn Tito und Tudjman Geburtstag haben, versammeln sich Tausende Kroaten in Titos Geburtsort Kumrovec und tragen sich dort mit anerkennenden Sätzen ins Gästebuch ein. Ins nahe Veliko Trgovišće, wo 1922, genau dreißig Jahre später, in einem winzigen, an düsterem Ort gelegenen Gasthaus Franjo Tudjman geboren wurde, verirrt sich kaum jemand.

Franjo Tudjman, der Liebling der Emigranten

Wenn es also nicht die Beliebtheit oder das persönliche Charisma waren, die die Kroaten ihrem Präsidenten ein volles Jahrzehnt lang folgen ließen, müssen es wohl die politischen Umstände gewesen sein. Tatsächlich stieß Tudjman in ein politisches und geistiges Vakuum, das er mit den Träumen der politischen Emigranten füllte. Niemand eignete sich so gut dazu, kroatische Emigration und kroatische Opposition zusammenzuführen. Unter den Dissidenten war er der nationalste. Träume waren sein Thema, auch wenn er vor der Realität nicht ins Ausland, sondern bloß in die Geschichte flüchtete. Der mutterlos aufgewachsene Bauern- und Gastwirtssohn hatte sich schon mit siebzehn der KP und nach dem Einmarsch der Deutschen den Partisanen angeschlossen. Nach einer glänzenden Nachkriegskarriere als Militärhistoriker fiel er schon in den Sechzigern wegen »Nationalismus« in Ungnade. Er musste sogar ins Gefängnis, blieb aber nach seiner Freilassung im Land und entwickelte sich in den Zagreber Dissidentenkreisen zu einer Autorität.

Franjo Tudjman hatte Mut und hielt schon früh Kontakt zu Emigranten in Westeuropa. In den Jahren 1987, 1988 und 1989 reiste er jeweils für einige Wochen nach Norval bei Toronto, eingeladen von den herzegowinischen Franziskanern, die dort ein religiöses Zentrum unterhalten. Dieser Kontakt wurde der entscheidende. Für die Mönche in Kanada hatte das real existierende Kroatien nicht mehr Gewicht als die Vorstellung, die sie sich von dem mythischen Reich des Königs Tomislav machten, der im 10. Jahrhundert lebte. Das Land, von dem sie träumten, hatte auch keine Grenzen und musste mindestens auch die zu Bosnien gehörende Herzegowina umfassen, aus dem sie selbst stammten. Sie litten auch gegenüber den Ustascha-Faschisten unter keinen Berührungsängsten. Vor allem aber verfügten sie über Kanäle zum – für kroatische Verhältnisse – großen Geld. Für den Wahlkampf seiner Partei 1990 brauchte Tudjman etwa 1,5 bis zwei Millionen US-Dollar – viel Geld für ein Häuflein von verarmten Dissidenten. In Norval lernte Tudjman zum Beispiel den Inhaber einer gut gehenden Pizzakette kennen, Gojko Šušak, der mit 24 Jahren aus dem berühmten Ustascha-Dorf Široki Brijeg nach Kanada ausgewandert war. Später machte Tudjman ihn zum Verteidigungsminister.

An ihren strengen und mürrischen Präsidenten gewöhnten die Kroaten sich rasch. Aber wenn Franjo Tudjman (1922–1999) zu lächeln versuchte, ging ein leises Frösteln durch sein Volk.

Nach dem Zweiten Weltkrieg hatten nicht nur Anhänger und Funktionäre der Ustascha, sondern auch viele national und demokratisch orientierte Kroaten Unterschlupf vor allem in Deutschland und in Spanien, aber auch in Australien, den USA und Südamerika gefunden. Vom kommunistischen Jugoslawien wurden sie auch im Ausland noch verfolgt; immer wieder rückten Trupps des Geheimdienstes aus und »liquidierten« Emigranten. Im Kalten Krieg waren die geflohenen Kroaten anfangs in Deutschland gern gesehene Gäste, die für die antikommunistische Propaganda genutzt wurden und Jobs bei den einschlägigen Rundfunksendern Deutschlandfunk und Deutsche Welle, Radio »Freies Europa« und Radio »Liberty« fanden. Die Unterschiede zwischen Faschisten und nationalen Demokraten spielten in den Emigrantenkreisen nur eine untergeordnete Rolle – wie man ja auch im damaligen Westdeutschland nicht fragte, ob einer Nazi gewesen war. Hauptsache, er war ein guter Antikommunist. Das serbisch-kroatische Programm der Deutschen Welle leitete Drago Matković, ein früherer Botschafter des kroatischen »Führers« Ante Pavelić, und Chef der Osteuropa-Abteilung war der Tscheche Iwan Kirchner, der in der Nazizeit antisemitische Tiraden publiziert hatte.

Die Emigration radikalisierte sich mit zunehmender Entfernung von den realen Verhältnissen in Jugoslawien immer mehr. Auch in ihren Methoden: Nach einem stümperhaften Einmarschversuch à la Invasion in der Schweinebucht, zwei Flugzeugentführungen und einem tödlichen Anschlag auf die jugoslawische Botschaft in Bonn-Bad Godesberg galten die emigrierten Kroaten im Zeitalter der Entspannung als gefährliche Extremisten. Nur wenige Gastarbeiter, die von den frühen sechziger Jahren an nach Deutschland geströmt waren, wollten mit dieser Szene etwas zu tun haben. Berührungspunkte zwischen Emigranten und *pasošari* – denen, die einen jugoslawischen Pass hatten – gab es über die 89 kroatisch-katholischen Diaspora-Gemeinden, um die entsprechend ein heftiger Kampf geführt wurde. Wie in Emigrantenszenen üblich, führte man untereinander immer wieder sektiererische Streitigkeiten auf. Gemeinsam geklagt wurde nur über die Duldsamkeit und Trägheit der Volksgenossen im »Völkerkerker« Jugoslawien, die sich zwar gegen Belgrader Zentralismus zur Wehr setzten, aber keine Anstalten machten, einen kroatischen Staat zu fordern. Einen besonders heftigen Rückschlag mussten die radikalen Emigranten 1971 erleben: In Kroatien formierte sich ganz ohne ihr Zutun der »Kroatische Frühling«, eine Massenbewegung, die dann von Tito niedergeschlagen wurde. Aber mit den Extremisten im Ausland wollten die allermeisten Helden von 1971 nichts zu tun haben. Einer von ihnen wurde Tudjmans Nachfolger.

Stipe Mesić, der Anti-Milošević

So leergefegt waren die Straßen Kroatiens seit dem Halbfinale der Fußball-Weltmeisterschaft vier Jahre zuvor nicht mehr gewesen: In Cafés und an Tankstellen, sogar in Lebensmittelläden konnten die Kunden die Direktübertragung des Schlagabtauschs zwischen Slobodan Milošević und Stipe Mesić in Den Haag verfolgen. Das erste Programm des kroatischen Rundfunks registrierte 40 Prozent Einschaltquote, als der Staatspräsident des Landes vor dem Kriegsverbrechertribunal gegen Staatsfeind Nr. 1 aussagte.

Geboten bekamen die Zuhörer eine einsame Sternstunde des Haager Gerichtshofs: Mesić, damals noch Weggefährte des neuen Präsidenten Tudjman, hatte schon 1990 zu den ärgsten

Widersachern von Slobodan Milošević gehört. Der damalige serbische Präsident weigerte sich, Mesić turnusmäßig ins Amt des jugoslawischen Staatschefs zu wählen – eine Provokation, die mithalf, Kroatien endgültig aus dem jugoslawischen Verband hinauszutreiben. Im unabhängigen Kroatien erst Regierungschef und dann Parlamentspräsident, brach Mesić 1994 mit Tudjman über dessen Einmischung im Nachbarland Bosnien. Jetzt gab er seinem Land eine Lektion im Umgang mit der Geschichte.

Der Angeklagte Milošević, der sich selbst verteidigte und alle Zeugen ausführlich befragen durfte, tat sich mit seinem Gegenüber schwerer als mit jedem anderen vor ihm. Er konnte sich nicht entscheiden, ob er Mesić anklagen oder zum Zeugen der Verteidigung gegen kroatische Extremisten machen sollte. Einerseits warf er Mesić vor, er habe »schon 1971 die Zerstörung Jugoslawiens betrieben«, andererseits befragte er den Präsidenten zu seinen eigenen Zeugnissen gegen Tudjman. Anders als Milošević, der die völlige Unschuld der eigenen und die volle Schuld der anderen Seite unterstellte, gab Mesić präzise Urteile. Ein von Milošević als Tatsache angeführtes Gerücht, es habe in Kroatien »221 Lager für Serben« gegeben, wies Mesić differenziert zurück: Es habe »Übergriffe und Verbrechen gegen Serben« gegeben, aber von Lagern wisse er nichts.

Mesić war Anfang der neunziger Jahre der erste Spitzenpolitiker im ganzen jugoslawischen Raum gewesen, der sich von der nationalen Logik die menschliche Moral nicht abkaufen ließ: Er opferte seine Karriere seiner Gesinnung. Ob er nicht wisse, dass auch kroatische Generäle in Bosnien gekämpft hatten, fragte Milošević im gereizten und überheblichen Grundton, der alle seine Befragungen auszeichnete. »Doch«, entgegnete Mesić, »so sagt man.« Mit seinem Freimut ließ Mesić den Frager für einen Augenblick sprachlos zurück – zum ersten Mal in diesem Prozess. Der kroatische Präsident betreibt seit seinem Amtsantritt gegen erhebliche Widerstände die Verfolgung von Kriegsverbrechen der eigenen Seite. In Serbien dagegen wurden unter Milošević die »eigenen« Kriegsverbrecher, etwa der Verantwortliche für das Massaker an den Krankenhauspatienten von Vukovar, dekoriert und befördert. Später hielt Milošević dem Zeugen eine Episode vor, die diesem nur zur Ehre gereichte: Vice Vukojević, der weit rechts stehende Kaderchef der Tudjman-Partei, hatte Mesić von »Kämpfen« im bosnischen Prozor berichtet, bei denen 250 Muslime umgekommen, aber auf kroatischer Seite nicht einmal jemand verletzt worden sei. Was das wohl für »Kämpfe« gewesen seien, hatte Mesić gefragt und das Gespräch abgebrochen.

Mindestens so interessant wie das erste war am Tage der Haager Zeugenbefragung das zweite Programm des kroatischen Rundfunks: Im Minutentakt taten Anrufer beim »Radio-Referendum« ihre Meinung zu dem Geschehen kund, fast alle über die kleinsten diplomatischen Einzelheiten des damaligen Konflikts genau informiert, viele mit bebender Stimme. Sogar Serben fassten sich ein Herz und riefen beim Sender in Zagreb an. Die Meinungen schwankten extrem. Eine Frau überschlug sich fast vor Wut über das angelsächsische Prozessrecht, das in Den Haag waltet: Dass im Kreuzverhör Mesić und nicht Milošević Rede und Antwort stehen muss, wollte vielen Anrufern nicht in den Sinn. Neben viel innerer Bewegung, Relativierung des Erlebten und Anerkennung für die tadellose Haltung des eigenen Präsidenten kamen auch Hass und Frustration zum Ausdruck. Knapp die Hälfte der Anrufer war unzufrieden, weil ihr Präsident die kroatische Position nicht klar genug verteidigt habe. Unumstritten war Stipe Mesić als Präsident niemals. Immer wieder stieß er die »großen Kroaten« vor den Kopf, aber immer wieder reizte er mit seinen Chauvi-Sprüchen auch die Modernisierer.

Auf einen Kaffee mit dem Präsidenten

Schon dass Mesić im Frühjahr 2000, nach dem Tode Tudjmans, überhaupt Präsident wurde, war ein Betriebsunfall des Parteienklüngels und zugleich ein Feiertag für die kroatische Demokratie. Eigentlich hätte das Amt dem Vorsitzenden der Sozialliberalen Partei, Dražen Budiša, zufallen sollen. Budiša hatte nach Tudjmans Tod mit den Sozialdemokraten unter Ivica Račan eine Absprache getroffen. Seine Partei sollte Račan zum Regierungschef wählen. Umgekehrt sollten die Sozialdemokraten ihn bei der Präsidentenwahl unterstützen. Das Volk fühlte sich an keine Absprache gebunden und weigerte sich, dem »kleinen Tudjman« Budiša seine Stimme zu geben. Stattdessen wählten die Kroaten Stipe Mesić. Gegen Tudjman war der bärig-bärtige Mesić eine Erholung: souverän, lässig, mit Charme und Humor begabt. Statt patriotische Sprüche in die Köpfe zu hämmern, lud er die Wähler ganz in Augenhöhe »auf einen Kaffee« ein. Tudjman hatte einmal gesagt, er sei »froh, nicht mit einer Jüdin oder einer Serbin verheiratet« zu sein. Die Äußerung fiel zwar in einem umstrittenen Zusammenhang, und sonst gibt es keine Anhaltspunkte, dass Tudjman Antisemit war. Mesić steht gar nicht im Verdacht nationalistischer Partnerwahl: Er ist mit einer Ukrainerin verheiratet.

Stipe Mesić war bis zum »kroatischen Frühling« die große Zukunftshoffnung der Kommunisten gewesen. Als Junge hatte er im Krieg für die Partisanen Kurierdienste geleistet – wie übrigens ganz viele andere Jungen, die alle später Politiker wurden. Auch nachdem er 1972 kaltgestellt worden war, blieb er als Dissident immer ein gewisser Faktor in der Politik und entwickelte sich zu einem mit allen Wassern gewaschenen Taktiker. In der langen, schwer durchschaubaren und von allerlei Geheimdienstaktivitäten geprägten Zeit des »kroatischen Schweigens« zwischen 1972 und 1990 gehörte Mesić zu den »Deutschen«. Der Bundesnachrichtendienst hatte sich im Zuge der Entspannungspolitik von den radikalen Emigranten abgewandt und Beziehungen zu den »Einundsiebzigern« aufgebaut, den Frontleuten des »Kroatischen Frühlings«, die von Tito ausgebootet worden waren, aber den Draht zur Realität nie verloren. Schlüsselfigur dieser Gruppe war ein Mann, den außerhalb Kroatiens zu Unrecht nur wenige kennen: Josip Manolić. Manolić war bis 1971 Innenminister gewesen, das heißt Herr über die Polizei und die Geheimdienste. Als er ausgebootet wurde, nahm er seine Kontakte mit und blieb auf seine Weise mächtig.

Die »Deutschen« um Manolić waren gemäßigt. Sie beförderten den Zerfall Jugoslawiens nicht, sondern nahmen ihn nur illusionslos vorweg. Die radikalen Emigranten nahmen, als der BND ihnen die Unterstützung versagte, Kontakt zum CIA auf und wurden die »Amerikaner«. Die Allianzen hielten auch über die Unabhängigkeit hinweg. Die Amerikaner hielten zu den Herzegowinern um Gojko Šušak und halfen ihm beim Aufbau seiner Armee. Manolić, der alte Verschwörer, gehörte dagegen zu den ersten, die die kroatischen Morde an Serben zum Thema machten – wenn auch nicht öffentlich, das war Manolićs Sache nicht. Noch als Parlamentspräsident des freien und unabhängigen Kroatien öffnete er, wenn es zur Sache ging, das Fenster, stellte ein Kofferradio hinein und drehte es voll auf – gegen die Richtmikrofone.

Der Normalo: Ivo Josipović

Pünktlich zum Beginn des neuen Jahrzehnts, Anfang Januar 2010, wählten die Kroaten ihr drittes Staatsoberhaupt. »Wenn Kroatien je einen ausgeglichenen Präsidenten gebraucht hat, dann jetzt«, pflegt Ivo Josipović den Kritikern zu antworten, die ihm Mangel an Temperament vorwerfen. Tatsächlich hat der nüchterne Professor für Strafprozessrecht nichts vom Idealbild des liebenswerten, manchmal kapriziösen Patriarchen, dem noch sein Vorgänger Stipe Mesić nahe kam. Mit seiner Frau Tatjana, heute Professorin für Immobilienrecht, hat der Vater einer 18-jährigen Tochter seine Karriere partnerschaftlich organisiert. Ernst, bescheiden, präzise, konzentriert und frei von Machtgehabe wirkt er im Gespräch.

Kein Zug zur Macht charakterisiert auch die Laufbahn des neuen Staatschefs, eher ein Drang, alles zu wissen, alles vorbildlich hinzukriegen und sich nichts nachsagen zu lassen. Als guter Fußballer hätte der Junge mit den vielen Talenten auf die Sportschule gehen können. Er entschied sich aber für den Musikzweig des angesehenen Zagreber Ersten Gymnasiums. Nach dem Abitur schwankte er zwischen Physik und Jura, wählte letzteres und studierte nebenher noch Komposition an der Musikakademie. »Wenn ich ein Mozart gewesen wäre«, sagte er einmal, »hätte ich alles liegen lassen und nur noch komponiert.« Sein faustischer Schauensdurst trug dem Mann mit den vielen Interessen aber etliche gute Positionen ein: Neben seinem Lehrstuhl leitet er die Zagreber Musik-Biennale und schuf als Parlamentsabgeordneter ein neues Urheberrecht.

Kommunistisch erzogen, kam der Sohn eines Anwalts aus dem Küstendorf Baška Voda früh mit der Politik in Berührung: Schon zu Studienbeginn schloss er sich der Partei an und schrieb, als die KP sich 1990 sozialdemokratisierte, deren neue Satzung. In der Tudjman-Ära war die Zugehörigkeit zur Linken der Laufbahn nicht förderlich, und so trat er 1994 aus. Der sozialdemokratische Premier Ivica Racan, ein Freund der Familie, überredete ihn dann 2003, wenigstens als Unabhängiger auf seiner Liste zu kandidieren. Erst 2008 trat er der Sozialdemokratischen Partei förmlich wieder bei. Dass der Parteichef Zoran Milanović sich für ihn einsetzte, machte den bis dato kaum bekannten 52-Jährigen für seine Gegner zu dessen Homunkulus. Dass er dennoch kein »ferngesteuerter Präsident« werden würde, wie sein Gegenkandidat gemeint hatte, bewies er rasch und widerstand dem Ansinnen Milanovićs, recht bald auch ein neues Parlament wählen zu lassen. Sein Leben ist der Beweis, dass man es in Kroatien auch ohne starke Netzwerke zu etwas bringen kann. Man wird dann allerdings zu einer Art Karpfen im Hechtteich, um das beliebte Bild zu variieren – und das ist keine komfortable Existenz.

Noch kein halbes Jahr war Ivo Josipović im Amt, aber kaum eine Woche war seither vergangen, ohne dass der neue Staatspräsident Kroatiens nicht eine sorgfältig zugemauerte Tür eingetreten hätte. Zweimal schon war Josipović bis dahin in Bosnien gewesen. In Zagreb traf er sich mit seinem serbischen Amtskollegen Boris Tadić. In einem ehemals serbischen Dorf in Kroatien besuchte der Staatschef heimgekehrte serbische Flüchtlinge und stärkte ihnen den Rücken gegen die Schikanen der kroatischen Bürokratie: Es sei »unannehmbar«, hörten die erfreuten Bauern aus Präsidentenmund, dass man sie so lange auf die Rückgabe ihres Eigentums warten habe warten lassen. »In den letzten Monaten ist wirklich etwas passiert«, sagte anerkennend ein führender westlicher Diplomat. Gemeint sind nicht nur die Initiativen von Josipović. Als Durchbruch werten EU-Vertreter die Verurteilung des Massakers von Srebrenica durch das Belgrader Parlament Ende März. Im früheren Jugoslawien wird die Versöhnungswelle aber auch als Bedrohung empfunden: Mühsam fixierte Gewissheiten werden aufgeschnürt, vertraute Feindbilder geraten ins Wanken.

»Böswilligkeit, Unwissen, Arroganz und Wahnsinn«, hatte Josipović im April in Sarajewo gesagt, hätten in den neunziger Jahren glauben gemacht, »die Lösung für Bosnien sei die Teilung« – und fügte an: »Ich bedaure zutiefst, dass Kroatien mit seiner Politik dazu beigetragen hat, dass Menschen umkamen und Trennungen sich auftaten, an denen wir noch heute laborieren.« Seither weht dem Neuen in Zagreb der Wind ins Gesicht. Kaum waren die Worte verklungen, fiel die Premierministerin ihrem Staatschef ins Wort: Kroatien habe nie einen Angriffskrieg geführt. Und der starke Mann der konservativen Regierungspartei bemerkte schmallippig, Kroatien habe bloß »auf der Basis eines Abkommens bei der Verteidigung mitgearbeitet«.

Die reflexhafte Abwehr zeigt, wie dünn die Basis noch ist, auf der das Nachkriegsland seine Identität aufbaut. Tatsächlich ha-

Ivo Josipović (rechts) und sein serbischer Amtskollege Boris Tadić im November 2010 in Vukovar: Im Jahr 1991 hatten hier serbische Soldaten 200 kroatische Zivilisten ermordet, nun legte Tadić einen Kranz nieder.

ben reguläre kroatische Truppen in Bosnien gegen die Regierungsarmee gekämpft. Erst auf Druck der USA, Bosnier und Kroaten gegen die Serben einigen wollten, musste der damalige bosnische Präsident die Anwesenheit der fremden Truppen nachträglich gutheißen. Noch heikler wird es, wenn die Rede auf den »Vaterländischen Krieg« gegen die Jugoslawische Volksarmee kommt. Die Republik habe von 1991 bis 1995 einen »gerechtfertigten und legitimen, defensiven Befreiungskrieg« gegen eine »großserbische Aggression« geführt, erklärte schon vor zehn Jahren das Zagreber Parlament mit großer Mehrheit. Von der Vertreibung von etwa 200 000 Serben innerhalb weniger Tage findet sich in der Erklärung so wenig ein Wort wie über die Provokationen kroatischer Extremisten, die den Angriffen der jugoslawischen Armee vorausgingen.

Wie sein deutsches Vorbild scheint der »kroatische Willy Brandt« sich eher an den Trivialitäten des politischen Alltags die Zähne auszubeißen als am großen historischen Versöhnungswerk. Zur Korruption, den seinen Landsleuten auf den Nägeln brennt, ist ihm bisher auch nichts Neues eingefallen.

Die Parteien: Supermärkte, keine Marken

Das politische System in Kroatien ist viel stabiler als in den EU-Mitgliedsstaaten Slowenien und Rumänien, wo niemand weiß, welche Partei in fünf Jahren das rechte oder das linke Lager anführen wird. In Kroatien wechseln eine mehr rechte und eine mehr linke Volkspartei einander an der Regierung ab, jeweils dieselbe, und auch die kleineren Parteien, die das Zünglein an der Waage bilden, sind sich über die Jahre allesamt treu geblieben. Es gibt keine politische Militanz, keine gewalttätigen Demonstrationen. Die Wahlbeteiligung ist relativ hoch. Im Parlament werden keine großen Schicksalsfragen verhandelt; es geht um die Steuer auf Gästebetten, um die Autobahntrasse, um die Umsetzung der EU-Verpackungsrichtlinie. Die Parteien wetteifern darum, welche von ihnen die restlichen Stolpersteine auf dem Weg in die EU am schnellsten und gründlichsten wegräumt. Aber fast alle, ob rechts oder links, sind sie für Minderheiten und gegen Sexismus und Rassismus, und alle sind gegen Korruption, für mehr Bürgerbeteiligung und für ein funktionierendes Rechtswesen.

Bei näherem Hinsehen allerdings erweist sich das System als lange nicht so stabil, wie es auf den ersten Blick aussieht. Wie in den meisten Übergangsländern sind aus den Parteien auch in Kroatien keine starken Marken geworden. Sie funktionieren vielmehr wie Supermärkte. Jede Partei hat in ihren Regalen alles liegen: Feminismus und Macho-Sprüche, Europatreue und Nationalismus, Korruption und den Kampf dagegen. Bei einer Parlamentswahl mag das manchmal ein taktischer Vorteil sein. Aber in einer Figur verdichten, wie es etwa bei einer Präsidentenwahl notwendig ist, kann man eine so divergierende Produktpalette nicht. So taten die Parteien sich schwer, für den profilierten Mesić, der nach zwei Amtszeiten kein drittes Mal mehr kandidieren durfte, einen würdigen Nachfolger zu finden. Die regierende HDZ, Kroatiens stimmen- und mitgliederstärkste Partei, nominierte den Mediziner und früheren Gesundheitsminister Andrija Hebrang, einen Mann, der wenigstens einen bekannten Namen trug: Sein gleichnamiger Vater, ein kroatischer Nationalbolschewik, war 1948 von Tito nach dessen Bruch mit Stalin entmachtet und ermordet worden. Der Sohn, in der Erinnerung an den ungekannten Vater großgeworden, schlug die alte Schlacht bis ins Alter immer wieder aufs Neue. Hebrangs Kandidatenschicksal

*Geschickt, gesittet, gemäßigt: Premierminister Ivo Sanader (*1953) genoss im Kreise seiner europäischen Amtsbrüder und -schwestern einen deutlich besseren Ruf als das Land, das er vertrat.*

führte der starken Partei vor Augen, was ihr blühen kann: Er erreichte nicht einmal den zweiten Wahlgang. Die Linken mochten ihn nicht, weil er fortwährend gegen Tito wetterte und den Rechten war er als Sohn eines Kommunisten und einer Jüdin nicht minder suspekt. Die Marke HDZ reichte gerade für zehn Prozent.

Die HDZ kann mit den atemberaubenden Wandlungen, die sie in den zwanzig Jahren ihres Bestehens durchgemacht hat, als europaweites Kuriosum durchgehen. Sie begann als nationale Volksbewegung, wandelte sich zu einem rechtskatholischen Orden, dann zu einer Loge von Geschäftsleuten und schließlich zur Europa-Partei. Ihr zweiter Chef seit der Gründung, Ivo Sanader, war ein fähiger und tüchtiger Politiker – kein Mann großer Worte, aber einer der klaren Sprache, kein Ideologe, aber ein Mann mit einem Kompass, der keinem Streit auswich, der aber auch keine taktische Allianz scheute. Das eine sagen und das andere tun – nur wenige beherrschten diese Kunst so gut wie er. Ohne groß aufzutrumpfen übernahm er die Partei nach dem Tode Franjo Tudjmans, ihres übermächtigen Gründers, und brachte das Kunststück fertig, das Andenken des Staatsgründers hochzuhalten und gleichzeitig dessen fatales politisches Erbe zu liquidieren. Der sanft auftretenden Germanist, den die Hillbillies der kroatischen Rechten gern als »Schwulen« verunglimpfen, säuberte die Partei rasch und effektiv von den Extremisten und den schrägen Kriegsprofiteuren, die sich unter Tudjman dort breitgemacht hatten. Gegen Ivić Pašalić, den Anführer der »Herzegowiner«, Tudjman-Vertrauten und verdächtig erfolgreichen Geschäftsmann, wagte er auf einem Parteitag die offene Feldschlacht und gewann. Für seinen Erfolg musste Sanader sich allerdings mit Branimir Glavaš verbünden, der als Pate von Osijek eine mindestens ebenso schräge Figur abgab wie Pašalić. Fünf Jahre später flog auch Glavaš aus der Partei, und wenig später schon saß er im Gefängnis.

Kroatien gereichten die Talente seines Regierungschefs überwiegend zum Vorteil. Für seine Partei wurde Sanaders Erfolg allerdings zugleich ihr Fluch. Fast alles, was unter Tudjman Rang und Namen gehabt hatte, war ausgetreten, entmachtet oder hatte resigniert. Neue Leute können sich neben dem übermächtigen Parteichef, der über jedes Ministerressort Bescheid weiß und alle streng am Zügel hält, nicht profilieren. Die lokalen Würdenträger waren meistens leicht erpress- und politisch deshalb gut beherrschbar: Viele hatten aus der Tudjman-Zeit noch Leichen im Keller. Schon während seiner Amtszeit hatte es immer wieder Gerüchte gegeben, Sanader habe sich bei den undurchsichtigen Geschäften von und mit Mächtigen seiner Partei auch selbst bereichert; zum Beispiel wusste man nicht, wie er sich von seinem bescheidenen Gehalt eine Sammlung pompöser Uhren anschaffen konnte. Aber Sanader ließ sich weder von Korruptionsvorwürfen noch von Kritik an seinem bedingungslosen Europakurs oder euroskeptischen Umfragewerten irgendwie beeindrucken. Damit wiederum beeindruckte er die Kroaten, und sie folgen ihm wieder. Dass er ohne mit der Wimper zu zucken den Volkshelden Ante Gotovina fallen ließ, trug ihm bei der extremen Rechten einen unauslöschlichen Hass ein. Sanader schien weiterhin unbewegt und sprach als erster kroatischer Regierungschef eine Einladung zur Rückkehr an die geflüchteten und vertriebenen Serben aus.

Warum Sanader, unerwartet und auf dem Zenit seiner Macht, im Juli 2009 plötzlich zurücktrat, gehört zu den Rätseln der jüngeren kroatischen Geschichte. Selbst hat er angedeutet, er habe sich im Streit mit Slowenien von seinen Freunden in den christdemokratischen und konservativen Parteien Westeuropas im Stich gelassen gefühlt. Manche meinten, die »Freunde« in Berlin und Wien hätten ihn zum Rücktritt gedrängt, und zwar weil sie von den Korruptionsvorwürfen gegen ihn vernommen hätten. Fest steht, dass Sanader seinen Schritt bald bereute. Schon Wochen danach bombardierte er seine von ihm selbst ausgesuchte Nachfolgerin Jadranka Kosor mit Vorschlägen und Ideen, die jedoch alles andere als willkommen waren. Zu Jahresbeginn 2010 wagte er sogar ein Comeback, scheiterte aber kläglich. Nachträglich legt der parteiinterne »Putsch«, wie die Presse seinen Rückkehrversuch nannte, eher eine psychologische Erklärung für seine merkwürdigen Manöver nahe: Ständig wie unter Strom, dürfte er als faktischer Alleinherrscher des Landes den nötigen kritischen Abstand zu seinem Wirken und damit den Kompass verloren haben. Erst nach seinem Rücktritt glaubte er wieder, den Kurs zu kennen. Eine realistische Einschätzung seiner persönlichen Wirkung aber fehlte ihm immer noch. Sanader, so scheint es, war der Mann des Übergangs: Während er Kroatien in ein ganz normales Land zu transformieren versuchte, war er selbst noch ganz der Zeit der Aufregung, der Putsche, der wilden Haupt- und Staatsaktionen und nicht zuletzt der krummen Geschäfte verhaftet. Entsprechend dramatisch gestaltete sich sein weiteres Schicksal. Am Tag, als das Parlament wegen der Korruptionsvorwürfe seine Immunität aufhob, wurde der noch vor kurzem mächtigste Mann des Landes auf einen internationalen Haftbefehl hin im Dezember 2010 in Österreich festgenommen. Dort wartete er zur Zeit der Drucklegung dieses Buches noch immer auf eine Entscheidung über seine Auslieferung nach Kroatien.

Kroatien als Parteiprogramm: Franjo Tudjmans HDZ

Von den Parteien des neuen Kroatien ist die HDZ die älteste. Gegründet wurde sie am 17. Juni 1989 in der Vereinsbaracke des Zagreber Fußballklubs *Borac*. Zeit und Ort waren in Kroatien zeitweise so bekannt wie in Deutschland der Fall der Mauer, denn zu Tudjmans Zeit wurde die HDZ-Gründung zur Geburtsstunde des unabhängigen Kroatien hochgejubelt. Die Gründer um den rechten Flügelmann Andrija Hebrang werden nach der Baracke die *barakaši* genannt und fühlen sich als eine Art Parteiadel. Die Gründung war Tudjmans Tat; das Okay dafür hatte er sich bei den Franziskanern in Kanada geholt. Dass eine oder besser »die« Kroaten-Partei zur Gründung anstand, lag in der Luft. Eigentlich hatte man erwartet, dass dafür die gesamte Dissidentenprominenz eingeladen würde. Aber die bekanntesten, nämlich die Frontleute des »kroatischen Frühlings« von 1971, Miko Tripalo und Savka Dabčević-Kučar, oder der ewige Studentenführer Dražen Budiša, waren nicht erwünscht und mussten später andere Parteien gründen. Mit dabei war allerdings Tudjmans langjähriger Nachbar in der Vladimir-Nazor-Straße 59, Josip Manolić. Manolić wiederum brachte seinen Freund Stipe Mesić mit. Beide bildeten von da an den »Partisanenflügel« in der Partei.

Dass danach noch andere H-Parteien entstanden, hat mit Pluralismus wenig zu tun. Sie waren die Gegengründungen der ausgesperrten Dissidenten. Jede von ihnen beanspruchte erst einmal die Rolle der kroatischen nationalen Sammlungsbewegung für sich. Die HDZ gewann den Wettbewerb, weil sie die radikalste war – oder die »konsequenteste«, wie man zu kommunistischer Zeit sagte. Sie nannte sich programmatisch »Gemeinschaft«, *zajednica* – das Wort bezeichnet in Exjugoslawien die nationalen Gruppen. Das eben wollte die HDZ sein; als Richtungspartei verstand sie sich nicht. Gefragt, warum die Kirche 1990 ihre politische Zurückhaltung aufgab und im Wahlkampf unverhohlen für die HDZ trommelte, hat der verstorbene Kardinal Franjo Kuharić einmal gesagt, er habe die »Gemeinschaft« gar nicht als Partei, sondern mehr als eine Art Befreiungsbewegung wahrgenommen – ähnlich wie den ANC, den Afrikanischen Nationalkongress, in Südafrika.

Mit der Idee des Pluralismus konnte der alte Kommunist Tudjman überhaupt wenig anfangen. Für den Liebhaber fester Formeln war die HDZ die »Speerspitze« der kroatischen Nation, eine Denkfigur, die Lenins Konzept von der KP als »Avantgarde der Arbeiterklasse« abgeschaut ist. Die Exkommunisten duldete er gnädig als besiegten – und stummen – Feind. Die anderen H-Parteien nahm er nicht als Konkurrenten, sondern als duldsame Mehrheitsbeschaffer wahr, so wie einst in der DDR die SED die Blockparteien. Die HDZ werde es geben, solange das kroatische Volk sie brauche, hat Tudjman einmal gesagt, und das sei »noch

Tudjmans Partei konnte sich 1991 auf die ganze Nation stützen: 1. Reihe v.l. Ex-Dissidentenanwalt Vladimir Šeks, der ex-kommunistische Polizeichef Josip Manolić, Parlamentspräsident Žarko Domljan, Tudjmans späterer Nachfolger Stipe Mesić, Erzbischof Franjo Kuharić.

lange«. Versuchte wirklich jemand mit ihm und seiner Partei zu konkurrieren, ging es ihm schlecht. 1997 wagte der liberale Vlado Gotovac, ein verdienter und ehrwürdiger Intellektueller, eine Gegenkandidatur. Das galt als eine Art Majestätsbeleidigung. Seine Veranstaltungen wurden abgesagt oder blockiert, und der alte Mann musste sich sogar öffentlich ohrfeigen lassen.

Obwohl seiner Herkunft nach selber Partisan, förderte Tudjman innerparteilich die radikalen Emigranten, die Herzegowiner und ihre Zagreber Verbündeten. Für die Regierung suchte er sich zwar unideologische Fachleute und fand tatsächlich hochqualifizierte Manager, die ihm nacheinander als Ministerpräsidenten dienten: Franjo Gregurić, ein Firmenchef und Außenhandelsbeauftragter, Nikica Valentić, Generaldirektor des Ölkonzerns *INA*, Hrvoje Šarinić vom französischen Baukonzern *Spie Batignolles*. Gleichzeitig hatte die Regierung aber immer weniger zu melden. Alle wichtigen Entscheidungen fielen in Tudjmans Beraterstab, der nach Regierungsressorts aufgeteilt war – ganz wie einst die Sekretäre des Zentralkomitees. Tudjman wurde im Westen oft verdächtigt, ein »Faschist« zu sein. Aber wer nach Vorbildern für das »System Tudjman« sucht, wird bei den Faschisten mit ihrem charismatischen Herrschaftsmodell nicht fündig. Kratzt man nur wenig an den nationalen Phrasen und den Machtmechanismen, kommt vielmehr der alte Nationalbolschewik zum Vorschein.

Dass die HDZ auch ohne absolute Mehrheit ein Jahrzehnt lang absolut regierte, verdankte sie Manipulationen am Wahlsystem, der kroatischen Volksgruppe in Bosnien-Herzegowina und der Feigheit ihrer Konkurrenten. Je mächtiger sie nach außen wurde, desto schwerer war sie allerdings zu führen – gerade von Tudjman, der anders als Sanader für die politischen (und geschäftlichen) Feinheiten auf lokaler Ebene keinen Sinn hatte. Neben den »Partisanen« und den von Tudjman bevorzugten »Herzegowinern« entstand ein dritter Flügel: die »Christdemokraten«, denen sich auch Ivo Sanader zugehörig fühlte. Den Christdemokraten waren die Werte und die Empfindlichkeiten der alten Partisanen fremd und der Radikalismus, die Gewaltbereitschaft und der Hass der »Herzegowiner« zuwider. Gegen Tudjman trauten sie sich nicht hervor. Ihre Stunde schlug erst nach dessen Tod. Die einfachen Parteimitglieder hatten sehr wohl begriffen, dass sie ihre Wahlniederlage nur drei Wochen nach dem Tode Tudjmans dem Radikalismus und der Vetternwirtschaft der Herzegowiner verdankten und lechzten nach Erneuerung. Es war die Stunde Ivo Sanaders. Die christdemokratische Strömung in der Partei war nach kurzer Zeit die einzige, die sich öffentlich noch wahrnehmen ließ. Auch nach Sanaders Rücktritt klangen die politischen Statements aller Parteigrößen weiterhin gleich. Der Europakurs eint auch deshalb so schön, weil sich Fragwürdiges aus den neunziger Jahren dabei gut verstecken lässt.

Sozialdemokraten und Bauern, Sozialliberale und Volkspartei

Die linke Volkspartei, die sozialdemokratische, entstand, wie überall in Osteuropa, aus der KP. Das erscheint heute selbstverständlich, war lange Zeit aber nicht vorhersehbar. Im Krieg, als die Sozialdemokraten schreckensstarr abtauchten, drohten sie zur Splitterpartei abzusinken. Die Gefahr ist seit langem gebannt: Die Sozialdemokratische Partei Kroatiens ist heute eine große, im ganzen Land verankerte, unbedingt prowestliche, in der Programmatik liberale und weltoffene Partei und braucht an Modernität den Vergleich mit einigen Schwesterparteien in der EU – zum Beispiel mit der bulgarischen, der slowakischen oder auch der österreichischen – nicht zu scheuen. Da ihre Mitglieder nach 1990 alle wesentlichen Positionen verloren oder, wenn nicht, zur HDZ überwechselten, hatten die Sozialdemokraten lange keine Gelegenheit, sich mit Skandalen zu kompromittieren. Dass sie es aber auch können, stellen die Affären des Bürgermeisters von Zagreb unter Beweis. Der ruppige Milan Bandić versuchte, einen Polizisten zu bestechen, der ihn betrunken am Steuer erwischt hatte, und steht wegen etlicher fragwürdiger Grundstückgeschäfte ständig im Visier der Spezialtruppe gegen die Korruption.

Bandić, der zu allem Überfluss auch noch aus der Herzegowina stammt, passte zum Kurs seiner Partei wie die Faust aufs Auge. Statt sich modern und westlich zu geben und das Europa-Fähnchen zu hissen, stilisierte sich der Bürgermeister zum Anwalt der Modernisierungsverlierer und schuf mit den sogenannten Bandić-Wohnungen tatsächlich auch soziale Verbesserungen. Wichtiger aber als die inhaltliche Richtung seiner Politik wurden sein Stil und sein Ton. Aus den Hauptstadt-Bürgermeistern des Balkan ist inzwischen ein regelrechter Typus geworden. Rumäniens Präsident Traian Basescu und Bulgariens Premier Boris Borissow haben einst ihre Städte Bukarest und Sofia gerade so regiert wie Bandić sein Zagreb: mit viel Tatkraft und noch mehr Wind, ohne Rücksicht auf sinnlose ebenso wie sinnvolle Regeln und vor allem mit dem Versprechen, endlich der Korruption den Garaus zu machen. Dass es gerade die Hauptstadt-Bürgermeister sind, die den neuen Politikertypus verkörpern, hat seinen Sinn. Zu kommunistischer Zeit kannten die Bürger kaum den Namen ihres Stadtchefs. Auf der Ebene der Stadt, und nur hier, wird die neu gewonnene Demokratie konkret erfahrbar. Und wie sich zeigt, sieht sie ganz anders aus als die im Westen. Man wählt nicht den Kopf der Verwaltung, sondern den Volkstribun, der einen gegen die Bürokraten in Schutz nimmt. Dass sie es sind, die über ihre Verhältnisse entscheiden, können die Bürger in Osteuropa bis heute nicht glauben.

Mit seiner großen Volkstribunennummer schaufelte der populäre Bandić zwar viele Wählerstimmen in die Scheuer seiner Partei, die sie ohne ihn niemals bekommen hätte. Aber das liberale Profil der Sozialdemokraten auf nationaler Ebene drohte mit dem ruppigen Bürgermeister verloren zu gehen. Als Bandić auch öffentlich immer öfter sein Mütchen an den Parteifreunden kühlte und chronisch die Vorstandssitzungen schwänzte, griff die schwache Parteiführung jedoch nicht ein. Erst als Bandić gegen den Kandidaten der eigenen Partei bei der Präsidentenwahl antrat, blieb ihr nichts übrig, als den Mann endlich hinauszuwerfen. Dem parteioffiziellen Kandidaten Ivo Josipović, dem gebildeten und kultivierten Kammermusik-Komponisten und Professor für Strafprozessrecht, gelang ein überzeugender Sieg. Im Wahlkampf setzte er darauf, dass die Kroaten sich gerne als »Kulturvolk« definieren und es peinlich finden, wenn ihr höchster Repräsentant, wie Bandić, nicht einmal Englisch spricht. Aber was sozialdemokratisch ist, konnte auch der erfolgreiche Kandidat Josipović nicht sagen.

Geprägt wurde die Partei lange Jahre von ihrem Vorsitzenden Ivica Račan. Er starb 2007 an Krebs und lieferte damit einen weiteren Anhaltspunkt für den Verdacht, dass Gevatter Hein zu den Kroaten ein besonders freundliches Verhältnis unterhält. Ein rechtzeitiger Tod erließ ihrem Kriegspräsidenten Tudjman, ihrem Verteidigungsminister Gojko Šušak sowie dem bosnischen Kroatenführer Mate Boban, einer Art kroatischem Radovan Karadžić, die Reise nach Den Haag. Račans Ableben ersparte wenigstens der SDP einen schmerzvollen Machtwechsel; Račan war nach einer verlorenen Wahl 2004 Parteichef geblieben und machte auch keine Anstalten, seinen Stuhl zu räumen. Vor seinem Tode bestimmte er allerdings noch, ganz wie einst die römischen Cäsaren, seinen Nachfolger, einen weitgehend unbekannten Mann namens Zoran Milanović. Es spricht nicht für die schläfrige und überalterte Partei, dass sie die posthume Postenbesetzung auch artig und pietätvoll umsetzte. Alternativen hätte es gegeben: etwa den früheren Finanzminister oder die mutige Željka Antunović, die das von Schmugglern, Gangstern und Extremisten durchseuchte Verteidigungsministerium übernommen und gründlich ausgemistet hatte.

Neben den beiden großen haben drei weitere Parteien ihre feste Rolle gefunden: die Volkspartei, die Sozialliberalen und die Bauernpartei. Hätte jemand raten sollen, welche kroatische Partei im 21. Jahrhundert einmal die größte sein würde, hätten alle auf die Bauernpartei getippt. Sie war vor dem Zweiten Weltkrieg im fast industriefreien Kroatien *die* kroatische Partei gewesen, ganz so, wie es in den neunziger Jahren die HDZ wurde. Ihr gehörte der wilde Volksführer und Nationalheld Stjepan Radić an, ebenso der stille und erfolgreiche Vladko Maček. Aber ihre Erben waren nicht klar und nicht schnell genug: Die Partei trat erst ein halbes Jahr nach der Gründung der HDZ wieder auf den Plan. Einst eine kräftige Massenbewegung mit einer halb links-, halb rechtspopulistischen Ideologie, so etwas wie die russischen Narodniki, ist die Bauernpartei heute tatsächlich etwa das, was der Name verspricht: eine solide, ländliche, gemütliche, konservative Partei, die von älteren, nicht sehr wortgewaltigen Herren geführt wird. Sozialliberale und Volkspartei schließlich, die kleinsten Parlamentsparteien, sollten eigentlich die Namen tauschen: Die Volkspartei ist sozialliberal und die Sozialliberalen sind national-konservativ.

Dass man trotz der mächtigen Parteien und der vielen berechenbaren Figuren die politische Landschaft Kroatiens doch nicht so ohne weiteres als stabil abhaken kann, liegt auch an einem Faktor, dessen Größe schwer zu bestimmen ist: der radikalen Rechten. Im Parteiensystem spielt sie keine große Rolle, in der undurchsichtigen Geschäftswelt, in den paramilitärischen Veteranenverbänden und auch in den Hinterköpfen mancher Demokraten dafür eine umso größere. Die einzige im Parlament vertretene Rechtspartei, die »Kroatische Partei des Rechts«, ist unter ihrem langjährigen Vorsitzenden Anto Djapić dessen Altersmilde anheimgefallen und kann niemanden mehr erschrecken. Der Neue im Parteivorsitz heißt Danijel Srb und ist durch seinen Namen gehandicapt: Srb heißt Serbe. Ein erhebliches Potenzial hält sich in der HDZ versteckt, wo es sich nie traute, gegen den mächtigen Vorsitzenden Sanader aufzumucken. Außerhalb der HDZ dümpeln auf der Rechten nur wenige, abgehalfterte Politiker herum, von denen keiner zum Anführer taugt: etwa Franjo Tudjmans Sohn Miroslav, der seinem Vater wie aus dem Gesicht geschnitten ist und schon deshalb kaum als Zukunftshoffnung zu gebrauchen ist, der Alt-Politiker und Jung-Tycoon Ivić Pašalić oder der Uralt-Dissident Ivan Gabelica. Die Stärke der Rechten liegt aber in der Publizistik und bei den Intellektuellen. Als sie 2000 von der Macht verschwand, verlegte sie ihre Energie ins Schreiben und unterhält eine reichhaltige Presse. Zu ihr gehören die (eher schlicht gemachten) Magazine *Fokus* und *Hrvatski list* und vor allem die einst angesehene Wochenzeitung der kroatischen Kulturgesellschaft, *Hrvatsko Slovo*. Wie Extremistenblätter es an sich haben, kreisen sie immer um dieselben Themen – in Kroatien sind das »unsere verratenen Kriegshelden«, das »dekadente Europa« und das »parteiische Haager Tribunal«. Eigenartigerweise findet die Szene durchaus einen gewissen Anklang in der Jugend. Die martialische Ästhetik der Veteranenverbände paart sich mit »Gothic«-Mode, mit dem Promikult um neureiche Kriegsprofiteure und mit der Musik des Sängers Thompson. Aber gerade ihre Ahnungslosigkeit macht die politisch ungebildeten Jugendlichen auch leicht verführbar.

Feind und Helfer

Was für das Kroatien von heute die Serben bedeuten

An den Tag, an dem er für immer zum Serben wurde, erinnert sich Predrag noch sehr genau. Er hatte gerade Abitur gemacht und stand zusammen mit seinem Vater am Einschreibeschalter der Uni Zagreb. Neben der »Staatsbürgerschaft« musste auf dem Formular auch die »Nationalität« eingetragen werden. Alte Erinnerungen gingen ihm durch den Kopf. Sein Heimatdorf, achtzig Kilometer östlich von Zagreb, war serbisch besiedelt, auch die Eltern hatten bei den Volkszählungen immer ganz selbstverständlich »Serbe« angekreuzt. Predrag war noch im Kindergarten gewesen, als Vater und Mutter die Entlassung bekamen, wie viele andere Serben damals auch. Wehrten sie sich beim Arbeitsgericht, bekamen sie Urteile wie das, sie hätten mit ihrer Skepsis gegen die neue politische Mehrheit »Unruhe ins Kollektiv« gebracht. Als Predrag eingeschult wurde, schallten ihm aus Radio und Fernsehen täglich Nachrichten von den »serbo-kommunistischen Aggressoren« entgegen. Einige Familien aus ihrem Ort gingen damals fort, »ohne Grund«, meint Predrag. Für Predrags arbeitslose Eltern, die bald eine Firma gründeten, stand Flucht nie zur Debatte. Am Schalter in Zagreb hätte er vielleicht »Kroate« geschrieben, wenn sein Vater ihn nicht zurückgehalten hätte. »Schreib Serbe«, sagte er, »das ist kein Grund, sich zu schämen.« Dem hatte der Junge nichts entgegenzusetzen. Dass die Nationalität auch im Studienbuch verzeichnet und damit für jeden Dozenten sichtbar werden würde, war Predrag da noch nicht klar. Schlechte Erfahrungen hat er keine gemacht. »Niemand hat mich hier je benachteiligt oder blöd angemacht«, sagt Predrag, »kein Dozent und kein Mitstudent.«

Seit die meisten Serben innerhalb weniger Tage in langen Kolonnen mit Autos und Treckern das Land verließen, ist die Minderheit auch aus dem Bewusstsein der Kroaten weitgehend verschwunden. Zwar ist sie im Parlament vertreten und stellt mit dem Zagreber Pädagogikprofessor Slobodan Uzelac 2006 sogar erstmals einen stellvertretenden Premierminister. Aber in den Köpfen der meisten Kroaten sind die Serben nur noch Geschichte. Nicht wenige sind glücklich darüber, ist man doch endlich unter sich.

Offene Feindseligkeit ist selten geworden. Wenn die Europäische Union von Kroatien verlangt, den Übriggebliebenen einen Platz einzuräumen, kommt die Regierung dem nach – wie allen Forderungen, die aus Brüssel gestellt werden. In kleinen Zeitungsmeldungen keimt dann und wann noch Gehässigkeit auf, wenn über »Bürger serbischer Nationalität« irgendwo im fernen Ostslawonien berichtet wird, die wieder einmal dieses oder jenes gefordert haben. Aber nicht der Hass ist das Hauptproblem; es ist die Ignoranz und die Verdrängung. Milorad Pupovac, der Anführer der »Serbischen selbständigen Partei« Kroatiens, erzählt dazu eine treffende Anekdote. Als er neulich die Unteroffiziersschule in Jastrebarsko besuchte, fragte ihn der Leiter: »Woher sprechen Sie eigentlich so gut Kroatisch?« Pupovac ist im Dorf seiner Vorfahren in Dalmatien aufgewachsen, hat in Zagreb studiert und es dort zum Professor für Linguistik gebracht. Aber Serben, dachte der Offizier wohl, müssen aus Serbien kommen – so wie in Deutschland heute manche denken, Juden kämen aus Israel und sprächen zu Hause Hebräisch. Auch Ignatz Bubis, der verstorbene Vorsitzende des Zentralrats der Juden in Deutschland, musste sich immer wieder nach der Herkunft seiner »ausgezeichneten Deutschkenntnisse« fragen lassen, wie er einmal erzählt hat.

In den Städten, besonders in Zagreb, verstehen die Jüngeren schon nicht mehr, was das eigentlich sein soll: ein Serbe. Seine Mitstudenten akzeptieren ihn, erzählt Predrag. Er spricht wie sie, sieht aus wie sie, kleidet sich wie sie, tanzt zur selben Musik. Richtig verstehen können manche seinen nationalen Fimmel nicht. Ein Mädchen wunderte sich neulich sehr über das Armbändchen mit den blauen Kugeln, das er am linken Handgelenk trug, und noch mehr über die Erklärung, die Predrag dafür gab: Es ist eine *brojanica*, eine Art serbischer Rosenkranz. Dass sein Vorname serbisch ist, fällt den meisten Mitstudenten gar nicht auf. Inzwischen steht die »Nationalität« auch nicht mehr auf jedem Schein. Predrags sämtliche Freunde sind Kroaten. In seinem Semester gibt es einen einzigen weiteren Serben. Sie gehen sich aus dem Weg, um nicht als »Minderheit« wahrgenommen zu werden. »Serbische Lokale gibt es in Zagreb gar nicht«, erzählt er, »alle gehen überall hin.« Fast überall: Von Kneipen, in denen die sogenannte »Volksmusik« oder gar der rechte Sänger Thompson gespielt wird, hält Predrag sich fern – was er wohl auch tun würde, wenn er bei der Unieinschreibung »Kroate« angekreuzt hätte. Ironischerweise kommt der »Turbo-Folk«, den die nationale Szene so liebt, häufig aus Serbien. Wenn aber schon die Musik keine Nationalitätsunterschiede mehr kennt, warum sollte Predrag das tun?

Wenn er gewollt hätte, hätte Predrag bei der Uni-Einschreibung einfach »Kroate« ankreuzen können. Die viel zitierten »kulturellen Unterschiede« spielen nur dann eine Rolle, wenn sie das sollen – schon den Unterschied zwischen Deutschen und deutschen Juden pflegte man einst so zu definieren, dass die einen nicht in die Kirche, die anderen aber nicht in die Synagoge gehen. Hätte Predrag sich als Kroate bekannt, hätte niemand ihm dumme Fragen gestellt. Allenfalls hätte er in unbefangenen Gesprächen dann einfach still werden müssen, etwa, wenn es um den Krieg gegangen wäre. Aber das wollte Predrag nicht. »Das ist so ähnlich wie wenn jemand HIV-infiziert ist«, sagt er. »Man muss sich dessen bewusst sein, es sagen, darüber reden können.« Ein vielleicht etwas schräger, aber auch ein schöner Vergleich: Er macht immerhin klar, dass es ihm bei seinem Bekenntnis zum Serbentum nicht um ihn selbst geht. Predrag könnte damit leben, in manchen Gesprächen zu verstummen und irgendwann seiner Braut zu beichten, dass seine Eltern Serben waren. Aber es tut Kroatien nicht gut, wenn es Predrag zur Verstellung zwingt.

Zwei Drittel haben das Land verlassen

Seit dem Wahlsieg des Franjo Tudjman 1990 haben zwei von drei Serben Kroatien verlassen. Zwischen 150 000 und 200 000 Menschen flohen mit kaum dem Nötigsten innerhalb weniger Tage Anfang August 1995 vor der kroatischen Armee, die meisten nach Serbien, manche nach Bosnien. Bei der Volkszählung des Jahres 2001 bekannten sich 4,5 Prozent der kroatischen Staatsbürger als Serben. Zehn Jahre zuvor waren es noch 12,2 Prozent gewesen. Nach den Zahlen der kroatischen Regierung ist zwar fast jeder dritte Flüchtling inzwischen wieder zurückgekehrt. Aber die Hälfte dieser Rückkehrer, wird geschätzt, lebt nur pro forma wieder in Kroatien, denn nur wer einen Wohnsitz nachweist, hat auch das Recht, sein verlassenes Eigentum wieder in Besitz zu nehmen. Man meldet sich an, verkauft sein Haus und kauft sich mit dem Geld in Serbien ein neues. Die andere Hälfte, die wirklich zurückgekehrt ist, besteht vorwiegend aus älteren Leuten. In absoluten Zahlen: Lebten 1991 noch etwa 580 000 Serben in Kroatien, waren es 2001 noch ungefähr 210 000. Von den 120 000 Serben, die laut offizieller Statistik nach Kroatien zurückgekehrt sind, haben sich nur 60 000 wirklich dort niedergelassen. Von ihnen ist bereits ein Fünftel gestorben. Das Durchschnittsalter der Kroaten liegt bei 39 Jahren, das der Serben in Kroatien bei 51.

Predrags Altersgenossen schließlich kreuzen, wenn nicht gerade der Vater neben ihnen steht, auf den Fragebögen fast alle »Kroate« an und nehmen im Gymnasium am katholischen Religionsunterricht teil. Über kurz oder lang, darf man aus den Zahlen schließen, wird das Problem der serbischen Minderheit sich von selbst erledigt haben. Für die Serben jedenfalls; für Kroatien nicht.

Nicht überall funktioniert alles so glatt wie in Zagreb, und nicht allen geht es so wie Predrag, dessen serbisches Heimatdorf auch im Krieg die ganze Zeit über unter kroatischer Kontrolle stand. Die Rückkehrer, die 1995 vor der kroatischen Armee nach Serbien geflohen waren, waren in der Zagreber Diktion im Krieg »aufständische Serben« gewesen. Sie lebten in der so genannten Krajina, einem breiten Landstreifen rund um die kroatisch-bosnische Grenze, wo Serben in dreizehn Großgemeinden die Mehrheit und in den anderen eine starke Minderheit stellten und das sich nach der Unabhängigkeit Kroatiens als selbständige Republik konstituierte. Sie waren der Feind, unabhängig davon, ob sie selbst am Krieg teilgenommen hatten oder dort nur wohnen blieben, weil sie eben nichts anderes hatten.

Die »Republik Serbische Krajina« und ihr Ende

Feinde waren Serben und Kroaten vier Jahre lang, so lange, wie die »Republik Serbische Krajina« existierte. Es war eine traurige, ärmliche Zeit. Die von Belgrad kontrollierte Jugoslawische Volksarmee war den Serben in ihren Siedlungsgebieten in Kroatien »zu Hilfe« gekommen und hatte die Grenze zu Kroatien gezogen, blu-

Mehr als vier Jahre lang herrschte zwischen Kroaten und Serben Krieg – am schlimmsten hier in der Donaustadt Vukovar. Nach einer ersten heißen Phase 1991 war der Krieg eine ereignisarme, aber elende und trostlose Zeit.

tig und oft unter Verbrechen wie massenhafter Vertreibung von dort lebenden Kroaten, dem Beschuss von Wohngebieten mit Granaten, der grausamen Ermordung der Patienten im Krankenhaus von Vukovar. Die ganzen vier Jahre über herrschte in der »Hauptstadt« Knin, einem verlorenen Nest in Dalmatien, ein autoritäres, undurchsichtiges und nach innen zerstrittenes Regime, ausgehalten von Slobodan Milošević in Belgrad und ständig hin- und hergerissen zwischen einer Verständigung mit Zagreb und dem Wunsch, sich einem großen Serbien unter Belgrader Führung anzuschließen. Die Kompromisslosen setzten sich durch. Als am Ende unter stillschweigender Zustimmung von Belgrad, Washington und den EU-Staaten die kroatische Armee in die Krajina einmarschierte, war der Weg zum Frieden auch in Bosnien offen.

Die unselige »Republik Serbische Krajina« konnte keinen Bestand haben, denn ohne sie war ein selbständiges Kroatien ein Unding. Sie war auf dem Unrecht der Vertreibung von mindestens 100 000 Kroaten gebaut, umfasste stolze 32 Prozent des kroatischen Staatsgebiets und zerschnitt die Verkehrswege zwischen

Die »Republik Serbische Krajina« in den autochthonen Siedlungsgebieten der Serben in Kroatien bestand von 1991 bis 1995 und umfasste beinahe ein Drittel des kroatischen Staatsgebiets.

Zagreb auf der einen, Ostslawonien um Osijek und Dalmatien auf der anderen Seite. Von ihrem Gebiet wurden immer wieder Granaten auf kroatische Städte abgeschossen: auf Osijek, Zadar, Slavonski Brod und am Ende auch auf Zagreb. Aber Tudjman nutzte die unvermeidliche Rückeroberung des Gebiets dazu, gleich auch die ganze serbische Zivilbevölkerung zu vertreiben. Zu diesem Unrechtsakt hatte er nicht die Zustimmung des Westens, auch nicht die stillschweigende, wohl aber die seines Gegenspielers Milošević in Belgrad. Die von Belgrad kontrollierte Armee setzte den Kroaten so gut wie keinen Widerstand entgegen. Der General, den Milošević dort kurz vor der »Aktion Gewitter« in den ersten Augusttagen 1995 eingesetzt hatte, zog seine Truppen kampflos nach Bosnien zurück. Die »Regierung« in Knin floh schon, als die ersten Schüsse fielen.

In der offiziellen kroatischen Version war der Exodus der Serben eine »ethnische Selbstsäuberung«. In Wirklichkeit war es eine geschickt inszenierte und sorgfältig verschleierte Vertreibung. Schon während der Offensive versuchte Zagreb, die erhoffte Flucht der serbischen Zivilbevölkerung als »freiwillig« erscheinen zu lassen. Am 4. August, als die kroatische Armee ihre Offensive begann, verlas der kroatische Rundfunk eine steife Erklärung von Präsident Tudjman, die später als Beleg hergezeigt wurde, dass man versucht habe, die Serben zum Bleiben zu bewegen. Darin hieß es: »Ich rufe die kroatischen Staatsbürger serbischer Nationalität, die sich nicht aktiv an dem Aufstand beteiligt haben, auf, in ihren Häusern zu bleiben und, ohne Furcht um Leben und Eigentum, die kroatischen Behörden zu erwarten, mit der Garantie, dass ihnen alle Bürgerrechte zugestanden und dass in Gegenwart internationaler Beobachter und im Einklang mit der kroatischen Verfassung Wahlen zur örtlichen Selbstverwaltung abgehalten werden.« Gleichzeitig aber wiederholte der Rundfunk stündlich die Meldung, dass für »diejenigen, die das Land verlassen wollen, zwei Korridore nach Bosnien offen« seien. Wie in einer Sanduhr bewegten sich die Flüchtlingszüge auf diese beiden Übergänge zu.

Klarer als die Sprache des Rundfunks war die Sprache der Waffen. Die Kroaten kamen stets über die Straße und kündigten ihr Kommen mit Granaten auf Wohngebiete an. Schon die Kriegstaktik machte klar, dass die Vertreibung der Zivilisten das eigentliche Ziel der Offensive war. In keinem Fall hat, wie es in vergleichbaren Fällen üblich wäre, eine Umzingelung des Ortes mit anschließender Übergabe stattgefunden. Die Menschen hörten die Schüsse immer näher kommen und flohen unbehelligt. Verteidigungsminister Gojko Šušak berichtete dem Ministerrat: Ursprünglich habe man, »um zivile Opfer zu vermeiden«, keine Angriffe auf besiedelte Orte geplant und statt dessen auf das Zerteilen des Gebiets gesetzt. »So«, erklärte Šušak den Sinn der Taktik, »wäre der serbischen Bevölkerung noch eine letzte Chance zur friedlichen Eingliederung geblieben.« So aber blieb ihr diese Chance eben nicht.

Die Vertreibung als Traum

Als die Serben weg waren, inszenierte Tudjman den »großen militärischen Sieg« als eigentliche Geburtsstunde Kroatiens, reiste mit einem feierlichen »Zug der Freiheit« nach Knin und hisste auf der Burg eine riesige kroatische Flagge. Den Serben wünschte er »gute Reise«. Der »Tag des Sieges und der vaterländischen Dankbarkeit«, der seither alljährlich am 4. August begangen wird, war für Tudjman unter den vier Nationalfeiertagen der wichtigste. Für ihn wurde erst mit der Massenflucht der Serben der »kroatische Traum« wahr. Der Präsident war keine gefällige Erscheinung, aber erst recht kein sturer Kommiskopf. Er war mehr Historiker als General und machte sich ausgiebig Gedanken über den »psychisch-moralischen« Aspekt seines Staatsgründungswerks, mit Ergebnissen allerdings, die besser ins 19. Jahrhundert gepasst hätten. Dass Kroatien vom Angriff der Jugoslawischen Volksarmee überrascht worden ist, hat Tudjman nie zugegeben, obwohl er damit doch mehr internationale Sympathie für die kroatische Sache hätte mobilisieren können. Stattdessen tat er so, als hätte er alles von langer Hand geplant. Das hatte seinen volkserzieherischen Sinn: Die Kroaten sollten sich eben nicht mehr als Opfer fühlen, sondern als Täter, als selbstbewusste Akteure. Am Anfang dieser neuen Phase in der kroatischen Geschichte sollte unbedingt ein »großer militärischer Sieg« stehen – ganz so wie für Bismarck das Deutsche Reich unbedingt aus »Blut und Eisen« geschmiedet werden musste. Erst mit dem Exodus der Serben war dieses Kroatien für Tudjman nicht bloß eine administrative Einheit, deren Umrisse einst von Tito gezogen worden waren, nicht bloß verächtliche Wirklichkeit, sondern die Wiedergeburt des ewigen, mythischen Reiches aus dem Mittelalter. In Knin hatten national vergessene Kroaten der Legende nach im 11. Jahrhundert ihren König Zvonimir erschlagen und sich dafür den Fluch eingehandelt, fast 900 Jahre unter »Fremdherrschaft« zubringen zu müssen. Mit dem Einzug in Knin war der Fluch getilgt. Schon als Knin noch der Sitz der »Republik Serbische Krajina« gewesen war, hatten der Präsident und seine Anhänger immer nur von der »alten kroatischen Königsstadt« gesprochen. Dass dort schon vor dem Krieg zu 88 Prozent Serben gelebt hatten, erwähnte er nie. Mit dem Einmarsch in die menschenleere Stadt hatte der Traum über die Wirklichkeit gesiegt.

Im realen Kroatien dagegen hat es immer Serben gegeben. Ursprünglich waren die meisten an der dalmatinischen Küste beheimatet; die slawisch sprechende Bevölkerung von Dubrovnik zum Beispiel war sich lange nicht sicher, ob sie sich für serbisch oder für kroatisch oder wofür sonst halten sollte. Für eine große Einwanderungswelle sorgte die osmanische Eroberung Bosniens im 16. Jahrhundert – die Ansiedlung von Serben in der Militärgrenze oder der *Vojna Krajina*, wie sie in der Landessprache heißt. Dem kroatischen Adel war diese Krajina – die an einigen Stellen bis zu fünfzig Kilometer tief ins Land ging – ein Dorn im Auge: Er hatte auf die Bauern dort keinen Zugriff, und das Rest- oder »Zivil«-Kroatien, über das er noch gebot, wurde immer schmaler. Im 19. Jahrhundert, als die Türkengefahr vorbei war und der österreichische Kaiser sich sogar Bosnien einverleibte, drangen die kroatischen Politiker darauf, dass der überholte Sonderstatus der Militärgrenze endlich aufgehoben und das Gebiet wieder förmlich an Kroatien angeschlossen würde, was wie alles in Österreich-Ungarn dann erst mit jahrelanger Zeitverzögerung geschah. Die Bewohner der Krajina waren von dem Anschluss nicht begeistert; sie beklagten den Verlust ihrer Autonomie. In direkter Abhängigkeit vom Kaiser hatten sie sich wohler gefühlt.

Serben lebten und leben noch in Zagreb und in allen größeren Städten, vor allem in Rijeka, in einigen entlegenen Dörfern in Zentralkroatien und heute noch besonders viele in Istrien und in Ostslawonien. Die Formel »ein Volk – ein Staat«, geprägt vom deutschen Denker Johann Gottfried Herder, galt hier nie. Bürgerfamilien verzogen zu österreichischer Zeit selbstverständlich über ethnisch-nationale Grenzen – das Zagreber Telefonbuch ist voller deutscher, ungarischer, italienischer, tschechischer Namen. Die serbischen Familien Medaković und Stanković führten hier in der Kaiserzeit zwei der angesehensten Bürgerhäuser, und letztere spendete reichlich für den Bau der stolzen Zagreber Oper. Als nach dem Zweiten Weltkrieg aus Slawonien und Istrien die Deutschen und Italiener vertrieben wurden, kamen unter anderem Serben in die entleerten Dörfer und Kleinstädte. Im gemeinsamen Staat Jugoslawien schließlich war es kein Problem, von einer Republik in die andere zu ziehen. Wenigstens einige Serben gab es in Kroatien überall. In 13 der 102 Großgemeinden machten die Serben eine relative oder absolute Mehrheit aus. Nur etwa die Hälfte der kroatischen Serben lebte in den Ortschaften, die dann im Krieg der Regierung in Zagreb den Gehorsam verweigerten und sich als »Republik Serbische Krajina« abspalteten.

Nach der pompös gefeierten »Befreiung« der Krajina war der Streit darüber, was für ein Kroatien da nun entstanden war, wer hier das Wohnrecht und wer das Sagen hatte, zum Glück noch nicht entschieden. Bald waren die realen Kroaten es leid, vierschrötige Militärführer, die mit fragwürdigen Methoden reich geworden waren, als Nationalhelden zu verehren. Sentimentale Emigranten, die vom wirklichen Kroatien wenig wussten, wurden als Politiker nicht mehr akzeptiert. Man wusste: Sie haben alle ein zweites Land im Kofferraum, das sie wieder hervorholen, wenn Kroatien sich doch nicht als das Land ihrer Träume erweisen sollte. Besonders heftig entlud der Zorn sich über die Herzegowiner, die in der Umgebung Tudjmans immer stärkeren Einfluss gewannen. Auch sie kamen eigentlich aus einem anderen Land, einem armen, das in Kroatien immer verachtet worden war. Sie waren dafür aber umso verlässlichere Bürger des mythischen Kroatien, das der Präsident im Kopf hatte. Im bosnischen Krieg hatten sie alles unternommen, Bosnien zu teilen und ihre herzegowinische Heimat an Kroatien anzuschließen, mit dem Ergebnis, dass in Europa die Abneigung gegen den anfangs so sympathischen jungen Staat bedrohlich wuchs und die Zagreber Regierung international in die Isolation zu geraten drohte. Die Kroaten erlebten die Herrschaft ihres Traums als Fremdherrschaft. »Wer die Herzegowiner kennt, wird die Serben lieben«, hieß es damals auf einem Graffito in Zagreb.

Versuchskaninchen für den Rechtsstaat

Die serbische Minderheit, so klein und unbedeutend sie sein mag, macht tatsächlich den Unterschied. Was ist Kroatien? Ein Land wie jedes andere in Europa, mit Institutionen, auf die man sich verlassen kann, mit Gesetzen, die für alle Geltung haben? Oder doch eine mythische »Gemeinschaft«, in der ein stummes, nirgends niedergeschriebenes Einvernehmen herrscht? Der Unterschied ist durchaus praktischer Natur.

Wenn Zoran und Nebojša, 14 und 11 Jahre, aus der Schule durch den Schnee nach Hause gestapft sind, müssen sie ihre Hausaufgaben bei Kerzenlicht machen. Es ist eine licht-, fernseh- und musiklose Jugend. Vater Kolja, gelernter Kraftfahrer, ist arbeitslos, aber nicht ohne Beschäftigung. Holz muss gehackt werden für den Ofen, Feuer gemacht, ein paar Tiere müssen gefüttert werden. Donja Mlinoga ist ein »Rückkehrerdorf«: Die hier leben, sind 1995, als die kroatische Armee in der »Aktion Gewitter« die serbisch besiedelten Teile Kroatiens unter ihre Kontrolle brachte, allesamt geflohen. Die Familie von Nikola landete in Südserbien, einer elenden Gegend an der Grenze zum Kosovo. Bald nach der Flucht begannen die ersten, von Rückkehr zu reden. Arbeit gab es in Serbien auch nicht. Und zu Hause, in Kroatien, bauten Hilfsorganisationen die Häuser wieder auf, sogar in Donja Mlinoga, wo die Norweger den Aufbau bezahlten. »Flüchtlingsrückkehr« war schon seit 1997 das große Ziel der ausländischen Botschaften und internationalen Missionen in der kroatischen Hauptstadt Zagreb. Viel wurde inzwischen erreicht. Nikolas Familie lebt in einem schönen neuen Haus, zweistöckig, sauber getüncht. Niemand bedroht sie. Nur Strom haben sie keinen. Seit Wochen schon liegt an der Straßenecke in Donja Mlinoga ein Stapel aus sechs nagelneuen, soliden Strommasten. Ein LKW hat sie dort abgeladen. Irgendwann, suggeriert der Stapel, werden die Masten aufgestellt, und irgendwann werden Kabel darangehängt, durch die dann vielleicht Strom fließt. Bis dahin sitzen die Bewohner des kleinen Sträßchens im Dunkeln – manche seit mehr als sieben Jahren. Die Familien hier haben dem Elektrizitätswerk in Sisak schon angeboten, selbst hölzerne Masten aufzustellen und eine Leitung zu legen. Aber das geht natürlich nicht. Das Problem betrifft nicht nur die Serben. Vor einer Behörde, die nach Willkür entscheidet und damit durchkommt, müssen alle sich fürchten, auch die Kroaten.

»Wer als Serbe nach Kroatien zurückkommt, begegnet Widerständen auf allen Ebenen«, sagt Milorad Pupovac. Die Weigerung des E-Werks in Sisak, das Dorf von Zoran und Nebojša ans Stromnetz anzuschließen, ist nur ein Beispiel. Es beginnt mit schikanösen Gesetzen und geht, wenn der Einspruch aus Europa deren Rücknahme erzwingt, weiter mit der kleinen Bosheit eines niederen Beamten irgendwo in einer Kreisstadt. In die serbischen Dörfer bei Glina fuhr der Bus früher fünf Mal am Tag, heute fährt er einmal die Woche. Wer zur Kriegszeit im waffenfähigen Alter war und dann nach Serbien geflüchtet ist, muss sich, wenn er zurückkehrt, vor der Justiz fürchten. Zwar gilt für die bloße

Kriegsteilnahme eine Amnestie; es liegen aber an die 4000 Anzeigen wegen tatsächlicher oder vermeintlicher Kriegsverbrechen vor, von denen die allermeisten Serben und – nach Informationen von Flüchtlingsvertretern – nur 62 kroatische Soldaten betreffen. Um die 400 Serben wurden von kroatischen Gerichten in Abwesenheit verurteilt. Kein Rückkehrer kann wissen, ob er nicht irgendwo auf einer Liste steht. Auch die kroatische Justiz muss an den Serben beweisen, dass sie sich selber ernst nimmt.

Was bedeuten Gesetze, was meint der Gleichheitsgrundsatz in der kroatischen Verfassung? Die Antwort können nur die Serben geben. Schon die Rückgabe der Wohnungen an Rückkehrer ist eine unendliche Geschichte. Erst kramte die Regierung ein altes Gesetz hervor, nach dem jemand sein damals übliches »lebenslanges Wohnrecht« in einer Genossenschaftswohnung verwirkte, der sich dort sechs Monate lang nicht blicken ließ – wie alle serbischen Flüchtlinge gezwungenermaßen. Wer in der »Aktion Gewitter« vertrieben wurde, musste sogar nach neunzig Tagen zurück sein, um das Recht auf die Wohnung zu behalten – ein Ding der Unmöglichkeit. Schließlich durfte, wer nicht in seine Wohnung zurückkonnte, wenigstens auf Ersatzraum hoffen, musste dann aber nachweisen, dass er in keinem der anderen sechs Nachfolgestaaten Jugoslawiens Wohneigentum hatte – was meistens an praktischen und bürokratischen Hindernissen scheiterte.

Als die ersten Serben zurückkehren wollten, waren noch fast alle Häuser offiziell »besetzt«. Oft hatten kroatische Familien, viele von ihnen aus Bosnien, nur formal den Sohn oder die Oma in einem serbischen Haus angemeldet. Aber selbst gerichtliche Räumungsbeschlüsse wurden nicht vollstreckt. Ganz selten gelingt es einmal, einen Fall auszujudizieren – wie den der Pizzeria Sara in der Kleinstadt Korenica. Acht Jahre lang hatte ein Kroate in einem serbischen Haus eine Pizzeria und im ersten Stock eine Videothek betrieben – ohne Miete zu zahlen, versteht sich. Alle Versuche des Eigentümers, sein Haus zurückzubekommen, schlugen fehl. Zuletzt stritt man sich über den Wert der unerbetenen »Investitionen« des Okkupanten. Schließlich wurde das Haus zwangsversteigert.

Immer, wenn ein Serbe kommt, stellt zur rechten Zeit eine Vorschrift sich ein. Für die Anerkennung von Rentenansprüchen, Zeugnissen, selbst für die Staatsbürgerschaft müssen viele kämpfen. Viele Serben, die nicht in Kroatien geboren waren, wurden am 8. Oktober 1991 automatisch zu Ausländern, oft ohne das überhaupt zu wissen. Zwar hatten sie im Prinzip ein Anrecht auf eine unbefristete Niederlassungsbewilligung. Das Anrecht verwirkte aber, wer floh: Um ihr Aufenthaltsrecht zu behalten, hätten die Serben sich vor ihrer Flucht bei der Polizei abmelden müssen – derselben Polizei, vor der sie häufig flohen. Was wie bürokratische Verwicklung aussah, war in Wirklichkeit eine fein ausgedachte Schikane. Für »erworbene Ansprüche«, darunter Rentenanwartschaften für Arbeit in der serbisch gehaltenen Krajina zwischen 1991 und 1995, galt eine ebenso überflüssige wie schikanöse Antragsfrist von einem Jahr nach Erlass des Gesetzes – beginnend also zu einem Zeitpunkt, als von den potenziellen Antragstellern noch keine 40 Prozent zurück waren.

Die Ignoranz serbischer Ansprüche ist für ganz Kroatien inzwischen auch ein massives wirtschaftliches Problem. Von den tatsächlichen Rückkehrern aus Serbien sind 46 Prozent Rentner und 31 Prozent arbeitslos. Nur jeder zwölfte hat einen Arbeitsplatz, jeder siebte ist nicht krankenversichert. Die meisten Rückkehrer sind aus den ehemaligen kroatischen Kriegsgebieten geflüchtet, aus den zerstörten Ortschaften auf dem Hauptkriegsschauplatz Ostslawonien oder aus der heute verödeten Krajina um Knin. Überall in diesen Gegenden gibt es noch eine zweite Kategorie von Rückkehrern: die kroatischen, Menschen, die zu Beginn der neunziger Jahre von den Serben vertrieben wurde und irgendwo in einem Hotel an der Küste oder bei Verwandten in Zagreb Unterschlupf fanden. Viele von ihnen sind an ihren Zufluchtsorten geblieben. Zurückgekehrt sind vor allem die, die damals schon nicht mehr jung genug waren, um sich eine neue Existenz aufzubauen, und sozial Schwache, die das aus anderen Gründen nicht geschafft haben. Nur eine knappe Autostunde vom prächtigen Zadar mit seinen venezianischen Toren und stolzen Kirchen kann man so mitten in Kroatien, in der Krajina um Knin, heute ein Stück Dritte Welt besichtigen. Kroaten haben immerhin die Chance, in der staatlichen Administration eine Anstellung zu finden. Serben, die keinen Arbeitsplatz finden, können höchstens eine Firma aufmachen, wie einst Predrags Eltern es getan haben, als sie wegen ihrer Nationalität entlassen wurden – und versuchen, ihre Produkte an mittellose Mitbürger zu verkaufen.

Wo ethnische Quoten vorgeschrieben sind, wie bei der Anstellung von Gemeindebediensteten, werden sie meistens nicht eingehalten. Aber mit den alten jugoslawischen Lösungen kommt man dem Problem ohnehin nicht bei. Das zeigt der Blick in den äußersten Nordosten des Landes um die Städte Vukovar und Beli Manastir, das einzige Gebiet, in dem die vor dem Krieg kompakt dort ansässigen Serben immer geblieben sind. Die Region, offiziell bezeichnet als »Ostslawonien, Westsyrmien und Baranja«, hatte am Ende des Krieges ein anderes Schicksal als der Rest Kroatiens. Sie hatte zwar auch im Kriege serbischer Herrschaft unterstanden und war Teil der »Republik Serbische Krajina« gewesen. Aber hier kam es nicht mehr zum Einmarsch der kroatischen Armee. Stattdessen wurde die Gegend an der Grenze zu Serbien einer besonderen UNO-Mission unterstellt, die für die dort lebenden Serben genaue Minderheitsrechte austüftelte.

Mit diesem Erbe schlägt Ostslawonien sich seither herum. Serbische und kroatische Kinder gehen hier noch immer in getrennte Schulklassen und werden von verschiedenen Lehrern unterrichtet. Die Lokalpolitiker und vor allem die Lehrer achten schon aus Interesse an ihrem Arbeitsplatz darauf, dass es bei der ethnischen Trennung bleibt. Wenn serbische Jugendliche hier abends ausgehen, fahren sie nicht nach Osijek, sondern über die Grenze nach Novi Sad. Die Stimmung zwischen den Volksgruppen ist schlecht, immer wieder müssen Spannungen ausgeglichen werden – alles ganz wie vor dem Krieg.

Den Alptraum wünscht sich niemand zurück: zähen Streit um Quoten und Posten, nationale Apartheid, das ständige Tauziehen zwischen den Volksgruppen und ihren selbsternannten Anführern, die ewige Blockade. Zum Glück gibt es neben Traum und Alptraum ein Drittes: die einfachen, platten Wünsche, ob von Kroaten oder von Serben. Den meisten Eltern in Vukovar gefällt es längst nicht mehr, dass ihre Kinder in verschiedene Klassen gehen. Aber gegen den »Schutz«, der ihrer Volksgruppe zugedacht ist, können sie sich nicht wehren. »Es geht nicht um serbisch oder kroatisch«, sagt Predrag, der patriotische Kroatier, »es geht um offen oder nicht.«

* * *

Mir gefällt an den Menschen in Kroatien, ob Kroaten, Serben oder sonstige, dass sie von anderen verstanden werden wollen. Manche mögen nationalistisch sein; borniert jedenfalls sind sie nicht. Alle können sich vorstellen, was einer sieht, der von außen auf sie blickt. Das Leben im Vielvölkerstaat hat die Fähigkeit zum Perspektivenwechsel geschult. Predrag zum Beispiel hat mir wieder viel über Kroatien beigebracht. Er hat einfach vor sich hin erzählt und mich beim Verfertigen seiner Gedanken zuhören lassen, ohne runde Einschätzungen, ohne feste Begriffe. Predrag hat mir ein Gefühl für das gegeben, was sonst hinter politischen Forderungen, Zahlen und Geschichtsdaten versteckt bleibt. Wenn man es so präsentiert bekommt, kann man es nachvollziehen. Da steigt einem zum Beispiel der Mief der jugoslawischen Minderheitenpolitik in die Nase, und man spürt, dass jemand das Fenster aufmachen musste, auch wenn fortan ein entsetzlicher Sturm durch die Wohnung wehte.

Um dieses Buch zu schreiben, habe ich solche offenen Gespräche dringend gebraucht. Denn gelebt habe ich in Kroatien nur ein paar Monate, und das vor vielen Jahren. Sonst war ich immer nur der reisende Reporter, der zwar mit vielen Fragen manches herauszubekommen versuchte, aber nur mühsam hinter das Wesentliche kam.

Geholfen haben mir zum Glück auch viele andere. Alle waren über das normale Maß hinaus auskunftsbereit, und keiner hielt mit seinen Eindrücken hinter dem Berg. Dabei gibt es gegen Kroatien und die Kroaten (und natürlich auch gegen die Serben) bei uns doch so viel Misstrauen. Gibt es da noch irgendwelche geheim gehaltenen Ansichten, kommt da noch was nach? Anfangs habe ich mich solche Dinge auch gefragt. Kuriert hat mich im Mai 1992 mein Sitznachbar im Bus nach Slavonski Brod. Es herrschte Krieg. Der Bus war vom kroatischen Pressebüro gechartert, und wir Journalisten wurden in die beschossene Stadt gefahren, um uns dort von Regierungsleuten »briefen« zu lassen. Damit wir schon auf der Fahrt richtig eingestimmt wurden, bekam jeder von uns einen Offizier neben sich gesetzt.

Meiner kam gleich zur Sache. Die deutschen Zeitungen, sagte der Mann, schrieben zwar pro-kroatisch. Aber im Grunde möchten wir doch alle die Serben viel lieber leiden. Ach du je, dachte ich, jetzt kann ich mir gleich den nationalen Sermon anhören. Aber von wegen. »Und ihr habt ja eigentlich ganz recht«, sagte der Offizier. »Wir Kroaten finden die Serben ja im Grunde auch viel netter als uns selber. Sie sind so locker und gesprächig, so gastfreundlich, so charmant.« – Und trotzdem führten sie Krieg gegeneinander? Warum, hat er mir damals nicht gesagt. Er hat mich mitdenken lassen. Vielen Dank.

Who is who und what was when?

Verständnistipps und Lesehilfen für Eilige

Irgendwann um das Jahr **910 n.Chr.** regierte irgendwo im Hinterland der östlichen Adria-Küste ein gewisser Tomislao, von dem der damalige Papst Johannes X. meinte, er sei »der König der Kroaten und Dalmatiner«. Von wann bis wann der Mann gelebt hat, was er getan und gesagt und was für ein Reich er regiert hat, ist ganz und gar unbekannt. Trotzdem steht er als **König Tomislav I.** stolz und überraschend lebensnah heute auf dem Bahnhofsvorplatz von Zagreb.

Am **20. April 1089** erschlugen, wie die Geschichtsbücher lange vermeldeten, wütende Kroaten in der Nähe seiner Residenz Knin ihren **König Zvonimir**. Der Unglückliche kam gerade noch dazu, einen fürchterlichen Fluch auszustoßen: Fortan solle das Volk seine Bluttat in Knechtschaft büßen.

In Wirklichkeit ist König Zvonimir nach neueren Erkenntnissen der Historiker friedlich in seinem Bett gestorben. Sein **Fluch**, heute vom rechtsradikalen Liedermacher Thompson dräuend und schwülstig besungen, wirkte aber trotzdem: Als das kroatische Königshaus kurz nach Zvonimirs Tod ausstarb, trug der Adel dem König von Ungarn die Krone an, der sie dann 816 Jahre lang mitsamt dem ganzen Kroatien weiter vererbte – eine »Knechtschaft«, wie sie im Volksbuche steht.

Allerdings sollen die Kroaten schlau genug gewesen sein, dem Ungarn einen Pakt abzuringen: die **Pacta conventa**. Kroatien und Ungarn sollten zwei gleichberechtigte Königreiche bleiben, nur eben vom selben Herrscher regiert. Volle 816 Jahre lang berief sich der kroatische Adel auf diesen Vertrag. Volle 816 Jahre erklärten die Ungarn ihn für eine Fälschung. So gingen die Jahrhunderte dahin. Als **Ante Starčević** 1861 die erste kroatische Nationalpartei gründete, nannte er sie in Erinnerung an die leidige Vertragsgeschichte Kroatische Partei des Rechts. Weil Recht auf kroatisch *pravo* heißt, nennt man ihre Anhänger die Prawaschen.

Heute gibt es davon nur noch wenige; sie sind vor allem, was ihr Name gar nicht ausdrücken soll: rechts.

Als der ungarische (und damit auch kroatische) König 1526 eine Schlacht gegen die Türken verlor, wurde sein Land unter Türken und Österreichern aufgeteilt. Das eigentliche Kroatien rund um Zagreb kam an die Österreicher, Slawonien an die Osmanen. Von da an regierten die **Habsburger** und setzten in Zagreb ihre Statthalter ein. Für die Geschichte mit dem Vertrag interessierten sie sich ebensowenig wie vorher die Ungarn.

Wohl aber interessierten die Habsburger sich für Kroatiens riesige Waldbestände, mit denen man sehr schön Wien ausbauen konnte. Kaiser Leopold I. nutzte den Verdruss und die diplomatischen Spielchen der beiden reichen Fürsten **Nikola Zrinski** und **Fran Krsto Frankopan**, dem lästigen kroatischen Adel die Liegenschaften wegzunehmen. Die Chefs der vornehmsten Adelshäuser mussten unter Zusicherung freien Geleits nach Wien, wo sie dann allerdings gefoltert und hingerichtet wurden. An den historischen Kriminalfall, der als »Magnatenverschwörung« bekannt wurde, knüpfen sich heute allerlei Mythen und Legenden.

1809 kam **Napoleon** mit seiner Armee vorbei und gründete hier nach römischem Vorbild die **Illyrischen Provinzen**, bestehend im wesentlichen aus den heutigen Ländern Slowenien und Kroatien. Die Kroaten fanden die Idee gut und hielten den Gedanken an ihren illyrischen Staat auch noch wach, als die Franzosen wieder weg und die Habsburger wieder da waren. Was genau ein »Illyrer«, was ein Serbe oder Slowene und was ein Kroate war, war damals nicht recht klar. Im 19. Jahrhundert, als ringsum nationales Erwachen stattfand, bildeten sich in Kroatien zwei nationale Bewegungen heraus: eine illyrische, die auf die Vereinigung aller Südslawen gerichtet war, und eine exklusiv-kroatische. Galionsfigur der »Illyrer« wurde später der katholische Bischof **Josip Juraj Strossmayer**, für die Exklusivkroaten stand der schon erwähnte **Ante Starčević**.

Allen Kroaten gemeinsam war der Wunsch, wenigstens nicht die letzte und geringste Provinz im habsburgischen Reiche zu bleiben. Deshalb war die Freude groß, als der Kaiser mit **Josip Jelačić** einen nationalbewussten kroatischen Adeligen zum Statthalter in Zagreb machte. Der neue Ban wollte keinen eigenen Staat, aber für Kroatien eine bessere Position herausschinden. Als der Kaiser in der 1848er Revolution in Bedrängnis geriet, bot Jelačić

Der Bischof von Osijek, Josip Juraj Strossmayer (1815–1905), führte katholische Kroaten und orthodoxe Serben auch im Glauben enger zusammen – so dass ihr gemeinsamer Staat, 1918 gegründet, allen als etwas Natürliches erschien.

sich deshalb an, ihm zu helfen. Er zog mit seinen Leuten nach Budapest, kartätschte dort die aufmüpfigen Liberalen nieder und erledigte dasselbe auf dem Rückweg in Wien. Die Aktion blieb von Kaisers Seite unbedankt, trug den Kroaten aber den dauernden Hass aller fortschrittlich gesinnten Europäer ein. Marx und Engels waren außer sich. Als die Kommunisten 1945 in Zagreb einzogen, montierten sie als erstes einmal das Standbild des unglückseligen Ban ab. Heute reitet der schnurrbärtige Feldherr, säbelschwingend, wieder über den Hauptplatz der Stadt. Das Original ging elend an der Syphilis zugrunde.

Die Illyrer setzten sich durch und gründeten, als das Habsburgerreich am Ende des Ersten Weltkriegs unterging, gemeinsam mit Serben und Slowenen ein Königreich, das später Jugoslawien genannt wurde. Genau wie 1102 versäumte man allerdings, die Konditionen klar auszuhandeln. Die Serben betrachteten den neuen Staat als ihr westerweitertes Königreich, was die Kroaten stark gegen sie aufbrachte. Die Bauernpartei unter **Stjepan Radić** setzte auf Fundamentalopposition gegen Belgrad. Radić wurde 1928 im Parlament von Belgrad von einem fanatischen Abgeordneten aus Montenegro erschossen.

1941 überfiel Nazideutschland Jugoslawien und gründete aus der Konkursmasse einen »Unabhängigen Staat Kroatien«, der ganz Bosnien und einen Teil der heute serbischen Vojvodina mit umfasste, nicht aber ganz Dalmatien, denn Hitlers Verbündeter Mussolini und dessen Ansprüche gingen vor. Weil der Bauernpartei-Chef **Vladko Maček** nichts von den starken Freunden aus dem Norden wissen wollte, setzten die Nazis die Terrororganisation der Ustascha unter dem »Führer« **Ante Pavelić** in die Macht ein. Pavelić ließ Juden und Serben ermorden, aber auch viele Kroaten, die sich in wachsender Zahl dem Widerstand gegen das Besatzungsregime anschlossen.

Der Partisanenführer **Josip Broz**, genannt **Tito**, gründete am Ende des Krieges das alte Jugoslawien in föderaler Form neu. Kroatien wurde »Sozialistische Republik« in Jugoslawien. Die Ustascha wurden vertrieben, viele wurden nach Ende des Krieges einfach umgebracht. Der Zagreber Kardinal **Alojzije Stepinac** musste für fünf Jahre ins Zuchthaus.

1971 brach in Zagreb der »Kroatische Frühling« aus, eine Massenbewegung, die sowohl demokratische als auch nationale Ziele verfolgte. Fast alle bekannten Persönlichkeiten der älteren Generation hatten damals etwas mit dem »Kroatischen Frühling« zu tun – allen voran der spätere Staatspräsident **Stipe Mesić**, der, wie so viele, damals von Tito kaltgestellt wurde.

Als der Kommunismus europaweit zerbröselte, gründete 1989 der Dissident **Franjo Tudjman** seine Nationalpartei, die »Kroatische Demokratische Gemeinschaft« (HDZ), die auf Unabhängigkeit setzte und im Jahr darauf die erste freie Wahl gewann. Unter den Attacken des serbischen Präsidenten Slobodan Milošević radikalisierte sich die Stimmung immer mehr. Die kroatischen Serben in den Minderheitsgebieten erhoben sich, Anfang Juli 1991 brach der Krieg aus. Die Kroaten wurden aus den serbisch gehaltenen Gebieten vertrieben. Aber auch die Serben in den kroatischen Städten machten eine schwere Zeit durch; es kam auch zu Morden und Massakern, und viele flüchteten. Vertreter der loyalen Serben war (und ist noch) der Linguist **Milorad Pupovac**.

Die heiße Phase des Krieges dauerte ein halbes Jahr: In Kroatien waren die Fronten von Ende 1991 an eingefroren. Im Jahr darauf brach aber der Krieg in Bosnien aus, in den Tudjman sich rasch einmischte – mit dem Ziel, sich die Herzegowina abzuschneiden. Das führte zum Bruch mit seinem späteren Nachfolger Stipe Mesić. 1995 schließlich eroberte die kroatische Armee die serbisch gehaltenen Gebiete, die meisten Serben flüchteten. Für die »Aktion Gewitter«, wie der Feldzug genannt wurde, erhob die Anklägerin beim Kriegsverbrechertribunal in Den Haag später Anklage wegen eines »gemeinschaftlichen kriminellen Unternehmens« mit Tudjman und dem kroatischen Verteidigungsminister **Gojko Šušak** als Anführern und mit dem General **Ante Gotovina** als Exekutor.

Im Dezember 1999 starb Franjo Tudjman. Die nachfolgende Parlamentswahl im Januar 2000 gewann die Opposition unter dem früheren KP-Reformer Ivica Račan. In der HDZ übernahm unterdessen der gemäßigte und europafreundliche **Ivo Sanader** das Szepter, säuberte die Partei von Kriegsgewinnlern und -verbrechern und eroberte drei Jahre später die Macht zurück. Kräftig erschüttert hat das Land im Oktober 2008 der Mord an dem Journalisten und Verleger **Ivo Pukanić**. Im Juli 2009 trat der mächtige Premier Sanader überraschend – und offenbar voreilig – zurück. Einen Comeback-Versuch ein halbes Jahr später vereitelte seine Nachfolgerin Jadranka Kosor. Anfang Januar 2010 wurde der Sozialdemokrat Ivo Josipović, ein Komponist und Professor für Strafprozessrecht, als Nachfolger von Stipe Mesić zum dritten Präsidenten des Landes gewählt.

***

Wer sich in deutscher Sprache über Kroatien informieren will, ist weitgehend auf zeitgeschichtliche Fachliteratur angewiesen, die meistens teuer und nicht immer leicht zu lesen ist. Für das breite Publikum gedacht ist die populäre Geschichtsdarstellung von **Ludwig Steindorff:** »Kroatien. Vom Mittelalter bis zur Gegenwart«, Verlag Friedrich Pustet, Regensburg. Im Verlag der Neuen Zürcher Zeitung hat der ehemalige Schweizer Botschafter in Zagreb, **Paul Widmer**, seine Erinnerungen an die Mission aufgeschrieben (»Kroatien im Umbruch. Ein Land zwischen Balkan und Europa«). Die Fülle an Literatur, auch populärer, über die Kriege im ehemaligen Jugoslawien will ich gar nicht erwähnen. Einen Einblick in die junge kroatische Belletristik gibt ein Sammelband unter dem Titel »Kein Gott in Susedgrad«, herausgegeben von **Nenad Popović** und erschienen im Verlag Schöffling & Co. Unter den zahlreichen Reiseführern verdient der von *Lonely Planet* herausgehoben zu werden, verfasst von Jeanne Oliver. Wer Zagreb kennenlernen will, ist gut mit dem Führer aus der Trescher-Reihe *Reisen* bedient. Autor ist Uwe Mauch.

Viel lernt über Kroatien, wer **Rüdiger Rossig** liest: »(Ex-)Jugos. Junge MigrantInnen aus Ex-Jugoslawien und seinen Nachfolgestaaten in Deutschland«. Indirekt aufschlussreich ist das detailreiche und liebevoll illustrierte Buch, weil es eben nicht nur von Kroaten und Menschen aus Kroatien handelt, sondern auch von Bosniern und »Serbiern«, und weil es nicht um das Land geht, sondern um seine Nachkriegsemigranten. Wer sich für die spezifischen Unterschiede zum Leben in Deutschland interessiert oder selbst biografische Wurzeln in dem untergegangenen Land hat, sitzt bei Rossig genau an der Quelle.

Das sonst so unerschöpfliche Internet hat zu Kroatien in deutscher oder englischer Sprache (noch) nicht viel Spannendes zu bieten. www.kroatien-net.de, www.kroati.de, www.kroatien-links.de oder www.istrien.info sind reine Tourismusseiten mit höchst spärlichen Hintergrundinformationen. www.forum-kroatien.de und www.kroatien-forum.com sind Chaträume für Kroatienbesucher und -liebhaber, ebenfalls mit einem klaren Schwerpunkt auf dem Tourismus.

Basisdaten Kroatien

Fläche: 56 592 km² (etwas größer als Niedersachsen) und noch einmal 31 067 km² an Meeresfläche (etwa die Fläche Nordrhein-Westfalens)
Einwohner: 4 492 000 (etwas mehr als Sachsen oder Rheinland-Pfalz), davon 406 000 »abwesend«
Bevölkerungsdichte: 78 je km² (Deutschland 231 je km²)
Ausländeranteil: 0,4 %, hinzu kommen noch 0,2 % Staatenlose
Geburtenrate: 9,64/1000 Einwohner (Deutschland: 8,25/1000)
Kinder je Frau: 1,41 (Deutschland: 1,37)
Lebenserwartung: Männer 71,5 Jahre; Frauen 79,0 Jahre (Deutschland: Männer 76,9 Jahre; Frauen 82,3 Jahre)
Scheidungsrate: 15,5 % (Deutschland 39,4 %, Österreich 43,4 %)
Religiöse Zugehörigkeit: römisch-katholisch 87,8 %, serbisch-orthodox 4,4 %, sonstige Christen 0,1%, Muslime 1,3 %, sonstige und unbestimmt 0,9 %, konfessionslos 5,2 %
Hauptstadt: Zagreb (dt. veraltet: Agram), 800 000 Einwohner, mit Umland 1,1 Mio.
Amtssprache: Kroatisch
Gliederung: 21 Gespanschaften, einschließlich Hauptstadt Zagreb
Grenzlänge: Mit Bosnien-Herzegowina 932 km, mit Slowenien 501 km, mit Ungarn 329 km, mit Serbien 241 km, mit Montenegro 25 km; die Meeresküste ist 1773,3 km lang, die Küstenlänge der Inseln beträgt zusammengenommen 4058 km
Inseln: 1185 Landstücke ragen aus dem Meer, davon sind 78 Riffe und 389 Felsen; von den echten Inseln sind 47 bewohnt; die kleinste ist Sveti Andrija mit einem Einwohner
Längste Flüsse: Save (kroat. Teil 562 km), Drau (kroat. Teil 505 km), Kupa (296 km), Donau (kroat. Teil 188 km)
Höchster Berg: Dinara 1831 m
Bruttoinlandsprodukt je Einwohner: 13 205 Euro (50 % des EU-Durchschnitts)
Beschäftigungsgrad: 57,1 % (EU 64,3 %, Deutschland 67,2 %)
Arbeitslosigkeit: 19,3 % (März 2011)
Inflationsrate: 1,8 % (2010)
Durchschnittliches Arbeitseinkommen: 5321 Kuna mtl. (entspricht 722 Euro)

Quellen: Državni Zavod za Statistiku Zagreb, EU Commission Progress Report on Croatia, CIA World Fact Book, indexmundi.com

Abbildungsnachweis

Matthias Balg: S. 10, 164
Fotolia (Cornel Achirei): vordere Umschlagklappe
Kroatisches Staatsarchiv Zagreb: S. 30, 177
Norbert Mappes-Niediek: Umschlagvorderseite
Picture-Alliance: S. 147
pictures-croatia: S. 47, Umschlagrückseite
Pixel Media: S. 89
Presse- und Informationsamt der Bundesregierung: S. 149
Archiv des Verlages: S. 87, 140, 153, 163